经济学
思维课

用经济学的思维方式改变你的工作、生活与世界

王力哲◎编著

ECONOMICS THINKING
COURSE

中国友谊出版公司

图书在版编目（CIP）数据

经济学思维课 / 王力哲编著 . — 北京 ： 中国友谊出版公司， 2020.9

ISBN 978-7-5057-4974-0

Ⅰ . ①经… Ⅱ . ①王… Ⅲ . ①经济学－通俗读物 Ⅳ . ① F0-49

中国版本图书馆 CIP 数据核字（2020）第 157839 号

书名　经济学思维课
作者　王力哲　编著
出版　中国友谊出版公司
发行　中国友谊出版公司
经销　新华书店
印刷　大厂回族自治县德诚印务有限公司
规格　787×1092 毫米　16 开
　　　16 印张　196 千字
版次　2020 年 11 月第 1 版
印次　2020 年 11 月第 1 次印刷
书号　ISBN 978-7-5057-4974-0
定价　45.00 元
地址　北京市朝阳区西坝河南里 17 号楼
邮编　100028
电话　（010）64678009

目录

第五章 经济学思维与管理的共鸣

第六章 社交活动也需要算清楚一笔人情账

第七章 做出什么样的决策，在于拥有什么样的思维

序 言

许多人都在谈论经济学，作为一种具有研究价值的生产、流通、分配、消费的规律的重要理论，许多人实际上并不了解经济学的内容，不了解经济学具体在研究什么东西。其实，经济学关心的是人在环境中存活的条件，换句话说，经济学主要研究的是人在什么样的情况下能够存活；当环境和条件都发生了变化，人们会面临什么情况，存活的条件会发生什么改变。任何一种生存形式都离不开资源，而资源是有限的。在经济学中，“资源是有限的”是一个永恒的真命题，无论是资金、原材料、智慧、社会关系、情感、品德、声誉、影响力，这些都是有限的资源。正因为资源是有限的，人们在使用这些资源的时候需要想办法将其进行合理的分摊，确保资源配置处于一个最优结构上，并保证资源产出的最大化。

如果细心观察，就会发现牛奶通常被装在方形的盒子里，而可乐则被装进圆柱形的容器中，为什么会出现这样的情况呢？企业管理者显然算了一笔清晰的账，因为圆柱形的容器用料更为节省，可以省下更多的材料费。听上去似乎有些矛盾，既然圆柱形的容器更节省用料成本，那么为什么牛奶盒要制成方形的呢？原因很简单，那就是牛奶通常是整箱整箱出售的，而方形盒子可以最大限度地利用空间，圆柱形的容器则会留下很多空隙。对于卖牛奶的商家来说，虽然方形盒子费了更多的用料，但是可以节省空间，这样就等于节省了牛奶箱的空间和用料，同时增加了一箱牛奶的输出量。可乐一般都是被摆放在货架上一瓶瓶出售的，完全可以装进圆柱形的容器内，以节省每一个瓶子的用料。

比如有个农户希望靠卖牛肉和小麦挣钱，因此养了几头黄牛，还种植了5亩小麦，可是由于草料严重短缺，牛经常会跑到麦田里吃草。那么这个时候，农户究竟应不应该制止牛进入麦田践踏呢？关于这个问题，通过常规思维来分析，一定会认为不应该让牛跑到麦田吃麦，否则会导致农户辛辛苦苦种下去的麦子毁于一旦，到了来年，麦田里弄不好会颗粒无收。但是如果不让牛进入麦田，那么牛可能会挨饿，这样一来，农户也会遭受严重的损失。

从经济学的角度来分析，牛与麦子有时候只能二选一，或者说应该避免牛和麦子之间损失的最大化。选择的关键在于牛肉是否值钱以及麦子的收益是否大。如果麦子本身能卖不少钱，那么就算要购买草料喂牛，也不能轻易让牛践踏麦田；如果麦苗本身卖不了什么钱，那么就不妨让牛吃一点儿。

牛和麦子争抢的是土地资源，很显然，这里的土地资源很短缺，只不过巧合的是，牛和麦子都是一个人的财产，因此他可以适当做出取舍。如果牛和麦子不属于一个人，那么问题可能就会比较复杂了，养牛的人要么约束自己的牛，要么就想方设法买下那块麦田，或者设法给予麦田主人一定的补偿。

在现实生活中，资源的稀缺性会引发激烈的竞争，化工厂的选址往往会遭到附近居民的抗拒，养殖场会让当地的村民反感，建造房子的高度会引发邻里纠纷。这些是因为化工厂威胁到了附近居民的安全，养殖场可能会污染附近村庄的水源，建立在相关土地资源上的卫生与健康成了稀缺资源，或者说这些土地成了稀缺资源；而两家人各自建造房屋，原本互不相干，但是一家盖了三层，另一家要盖四层的话，这样就产生了纠纷，视野、地位、光线、通风条件，这些都会成为双方争抢的稀缺资源。管理者需要对这些稀缺资源进行合理分配，保证效益的最大化。

比如化工厂的建造容易引起附近居民的反感，地方负责人和法官就要对相关信息进行分析，如果认为化工厂的污染是可控的，而且每年的盈利会非常可观，那么可能会倾向于让化工厂存在。当然，化工厂不仅要做好安全措施，还要给予附近居民一定的补偿，或者带动附近地区的就业。如果化工厂的风险非常大，而且对地方上的生态以及饮水、饮食、空气都会产生不可逆的影响，那么为了保持地方上的长期发展，就倾向于不让化工厂存在，将那些重要的土地资源、水源、空气重新还给附近的居民。

真正善于管理的人，会动用经济学知识来选择最佳的利益产出方式，他们会认真审核每一种生产、营销方式的成本与收益，会认真做好资源配置，确保每一种资源都可以得到合理分配和应用，从而实现最大化的效益。经济学思维，或者说经济学的思维模式的本质就是资源利用率的最大化以及效益的最大化。这种效益最大化并不一定是经济效益的最大化，而是人们在综合各种因素的基础上得出来的一种合理的结果，换句话说，经济学思维是一种理性思维，是符合理性人（追求效益最大化）的需求的。

在日常生活中，经济学思维涉及很多方面，从个人的生活与工作，到企业的发展与经营，再到国家的宏观调控和社会的经济现象，都可以感受到经济学思维的影响。但经济学思维也有一些基本的共同点，它们基本上都涉及了一些常见的经济学的概念以及经济学理论，像供需、复利、利息、成本、沉没成本、机会成本、收益、边际、稀缺、效率等经济学专业术语以及理论，它们是构成经济学思维的基本元素，也是经济学思维的基本模型。

经济学家凯恩斯说过：“经济学理论并不是一些现成的可以用于政策分析的结论。它不是教条，而是一种方法，一种智力工具，一种思维技巧，有助于拥有它的人得出正确的结论。”经济学思维追求的就是一种正确的模式，帮助人们做出正确的选择，而且它不仅是用来解决经济问题和教我们如何挣钱的，还可以用经济学知识来解决社会生活中各个方面的问题，它侧重的是选择的问题，只不过这些选择本身就代表了资源分配，代表了效益最大化的需求。

本书从经济学思维的角度来分析社会生活中出现的种种行为和现象，分别从创业投资、销售、职场、管理、社交、人生抉择、生活现象等多个方面来描述经济学对社会生活的影响。书中将一些常见的社会生活现象作为切入点，以经济学理论作为支撑，巧妙而生动地对社会生活现象进行剖析，揭示了社会行为和生活现象背后的经济学奥秘，有效丰富和拓展了人们看待问题的视野和思考问题的角度。

书中的语言非常朴实，力求将复杂的、专业的经济学术语以最浅显易懂的方式呈现出来，并且与相关主题紧密结合在一起，确保能够更好地凸显出经济学思维的价值。市面上有很多类似的书籍，其中也不乏一些优秀的作品，而本书的特点是构建了一个比较系统的知识架构，按照这个知识架构，人们可以拓展自己的思维模式，扩展思维的广度。因此，整本书的内容比较流畅，阅读起来没有什么难度，非常适合普通读者。

第一章

用经济学思维了解世界的真相

无处不在的经济学

提起经济学，很多人首先想到的是金融，是商业贸易，是国家调控和货币政策。经济学并不像平时书本上所强调的那样都是一些专业知识和专业术语，其实它是一门研究国民经济各个方面问题的学科，它与生活中的各个方面都有比较强的联系，换句话说，生活中处处都有经济学的影子。经济学家罗伯特·墨菲在《第一本经济学》中强调："经济学之所以被定义为科学，是因为其有着客观的规律，能够通过推理演绎来探索和领悟基本的经济学原理，它无须用实验来证明。经济学原理是一种解读世界的方式，它有客观的规律，若违背这种规律，一定会发生混乱。"

比如商品的价格会受到市场供需波动的影响，或者国家会出台政策来刺激消费，如抑制房价，这些都属于经济学的范畴。但在微观层面上，经济学的作用也无处不在。一个人大学毕业之后，就面临着是继续深造还是工作的抉择，继续深造的话就有机会考上研究生，而研究生通常要比本科生的薪水更高一些。不过考研往往也意味着更大的成本支出，因为人们还需要支付未来几年的学费和生活费。不仅如此，考研者还需要承担提前工作产生的机会成本。

同样，当一个人在逛商场时，会决定选择在距离第一个商场5000米远的第二个商场购买产品，因为第二个商场的产品价格要比第一个商场低2元钱。因为2元钱而多走5000米的路程是否划算呢？单纯地从产品价格来算账，似乎在第二个商场买产品更划算，但人们通常会忽略这5000米的路程带来的成本消耗，诸如机会成本、时间成本、精力以及汽油费。

许多人觉得钱越来越好花，但也越来越难挣了，这里涉及很多经济学问题。比如个人消费习惯、社会就业竞争难度、个人理财水准、个人职业选择、通货膨胀、物价上涨等诸多因素，而这些因素实际上又经常与供需平衡、边际收益（增加一单位产品的销售所能增加的收益就是边际收益）等概念相关联。比如很多人在最初工作的时候，每隔几个月都会有加薪的机会，但是当工作稳定之后，加薪的空间就少了，还会面临买房贷款、娶妻生子的压力，再加上个人接触面的不同，认识的有钱人越来越多，消费的层次不断提高，这些都在降低人们对于每一次挣钱的满足感。

结婚也与经济学息息相关，有的地方需要支付一大笔娶妻的聘金，这笔钱有时甚至会直接压垮那些低收入的男方家庭，但为什么仍旧有很多人热衷于用聘礼来维持一段婚姻呢？原因就在于当男方为一段感情支付足够的成本时，他必定会想办法珍惜这段感情，会想办法维持好自己得来不易的婚姻。

拓展开来，购买保险、家庭是否决定生二胎、租房还是买房，这些都涉及经济学范畴的内容，或者说都与经济学有很大的关联。一个人在家耕种粮食作物，表面上过着自给自足的生活，这其中也涉及了经济学的内容，比如种植水稻的收益更高，还是种植葡萄的收益高？是否有必要放弃种植业，改为养猪养羊？这些都与收益的多少、机会成本有关。一个人在考虑中午吃什么时，实际上也需要动用经济学知识来进行衡量和选择。中午吃一顿大餐的话，可能就意味着今后几天都要节衣缩食，甚至可能会因此而不得不放弃过去一直想要购买的一件衣服，这就是机会成本。他还需要考虑吃这一顿大餐带来的享受是否合算，如果最近几天都在吃大餐，满足感就会不断下降，而用同样的钱买衣服，恐怕会更有满足感，这里又涉及边际收益的概念。

拓展来说，无论是调控宏观经济，还是微观经济生活，都离不开经济学知识。很多人都会觉得经济学研究的就是经济，就是钱，但从广义上来说，经济学最终研究的不是钱，而是关于人、关于生活的学问，钱只是其中的一个组成部分而已。比如很多人在出行的时候会选择乘坐不同的交通工具，有的人喜欢乘坐飞机，有的人更喜欢火车和高铁，还有一些人倾向于地铁和出租车，或者自己驾驶小轿车。不同的出行方式各有优劣，这些不能完全从经济学的角度进行考量，还需要综合考量其是否便利，是否安全。可以说，所有合理的出行方式都是建立在安全和成本考量的基础上的，这不是一个非黑即白的选择模式，而是一种均衡，一种关于边界的均衡。

有关交易、选择、平衡与边界的种种概念，归根结底都和资源分配有关，经济学的本质就是对资源的分配和利用，这种分配和利用本身就具有很大的竞争因素，尤其是对那些相对重要但稀少的资源来说，别人多占了一份，你就注定会少占一份。因此，每个人都想办法往市场里面挤，资源的紧张也随之不断加剧，矛盾开始产生，并直接促进了合作与竞争的出现。

找合适的对象结婚，是因为你的对象是有限资源，如果你不抓紧追求，对方就有可能成为别人的资源，因此你需要付出真心，需要提供聘礼，需要保持珍惜的态度。选择种植水稻还是种植葡萄，是因为土地资源是有限的，个人的精力和能量也是有限的，只好尽可能选择收益高的那一种。买房还是租房也是因为个人的资金以及房屋是有限资源，钱花在买房上就意味着丧失了其他盈利的可能，包括理财和创业，而一直租房又会导致自己在等待中越来越买不起房，因为房价只会越涨越高。

如果人们细心观察，就会发现经济学中涉及的大部分问题都和资源分配息息相关。在宏观层面，国家会指定各种政策进行调控，但是在微观层面，人们则要注意自行分配资源，土地资源、人力资源、时间资源、技术资源、资金、情感、机会，所有的资源最终都是为了让人们在各种各样的选择和分配中过得更好一些。

人的奋斗就是为了获取稀缺资源

在日常生活中，人们经常会谈到稀缺资源和一些比较充足的资源，可是在经济学思维中，资源的稀缺性和平时人们所认知的稀缺是两码事。经济学思维中的稀缺资源是放置在一个更广泛的范围空间内来讨论的，具有相对性，它通常需要借助具体的情境来描述。

比如最常见的稀缺资源就是时间。一般来说，工作时间要比工作量少很多，以致人们总是抱怨自己的工作时间不够多，希望可以挤出更多时间来做自己想做的事情。但在很多时候，工作也算是一种稀缺资源，原因很简单，相对于工作者来说，工作岗位看上去总是那么少，因此需要大家去竞争上岗，需要公司制定各种更为严格的要求和流程来招聘劳动力。从这一个角度出发，劳动力反过来也会成为稀缺资源，因为好的劳动力并不多，任何一个行业都希望能获得优质的劳动力。

所有的稀缺资源本质上都是由供求关系决定的。在几年前，苹果手机处于畅销的状态，果粉们甚至通宵排队去购买，那个时候的苹果手机在出货的很长一段时间内都处于稀缺状态。但同样是苹果手机，如今的出货量越来越少，反而变成了一种比较普通的商品，没有人会像过去一样排队抢着购买。原因就在于供求关系的变化，在苹果手机的巅峰时期，市场上对手机的需求量很大，大家都以拥有一部苹果手机为荣，但是随着其他品牌智能机的兴起，苹果手机的性价比不断下降，品牌影响力也不断下降，这个时候大家对于苹果手机的购买欲望自然就降到了一个低谷。

稀缺资源的流通本身具有一定的倾向，比如当苹果手机的销量出现问题时，所有与苹果手机相关的原材料以及销售资源都会受到影响；反过来说，当苹果手机畅销时，相关的资源就会向苹果手机倾斜。同样，当一个行业非常受欢迎且出现供不应求的时候，优质的劳动力就会向这个行业倾斜。

这种倾斜一方面受到了供求关系的影响，另一方面又对物品的边际效用产生影响，或者也可以说是任何一种资源的边际效用都和其稀缺性有关联。边际效用主要是指最后一个消费单位所产生的最小效用，比如一个人在饭馆里吃面条，吃第一碗面条的时候，他获得的满足感是最大的；吃到第二碗的时候，获得的满足感开始减少，此时他已经品尝了面条的美味，而且肚子有点饱了；等到了第三碗，他的满足感将进一步下降；到了第四碗的时候他已经过于饱了，开始产生不适感，这个时候面条的边际效用就开始负向增加。

在日常生活中，很多资源在名义上来说是无限的，就像空气一样，一个人站在大街上呼吸新鲜空气，是不会将所有的空气全部吸进肚子里的，因此这种呼吸本身产生的边际效用并不明显。水也是一样，在水资源充足的情况下，再多喝一口水也不会产生太大的满足感。而钻石不一样，对于多数人来说，拥有更多的钻石也就意味着获得更大的满足感，也就是说，钻石产生的边际效用基本上都是在不断增加的。

通常情况下，钻石比空气和水要贵，属于稀缺资源。空气和水对人们至关重要，没有空气和水的话，人的生活会受到严重影响，生命也会受到严重威胁，而钻石并不会对人们的生活真正产生什么实质性的影响。但在现实生活中，意义重大的空气和水根本不值钱，因为在人们的正常感知中，空气和水带来的边际满足感根本不明显。从供需关系来说，钻石大多的确要比空气和水更加稀缺，除非是在那些极度缺水或者缺乏空气的地方。

物质本身的稀缺性会影响其边际效用，同样，由于边际效用不一样，物质的稀缺性就得以凸显出来。因为稀缺资源总是在往供不应求的方向集中，而且决定了边际效用，以至于人们总是千方百计想要获得那些稀缺资源。换句话说，一个人奋斗的最终目的就是拥有更多更好的稀缺资源，好的工作，高的职位，学区房，高档的别墅和汽车，漂亮的妻子，华美的服饰和各种奢侈品，这些东西都是稀缺资源，还有一些情感上的体验也属于稀缺资源。人们在追逐这些资源的过程中，必定要参与各种类型的竞争，这就是社会资源分配和重组的表现形式。

2011年，张先生同妻子卖掉了北京四环的一套房子，当时售价为300万元，然后夫妻两人拿着这笔钱在老家县城买了三套房子、一辆豪车，剩下的100多万存入银行。与此同时，张先生的发小胡先生在12月卖掉了县城里的两套房子，然后拿着积蓄在通州买了一套价值200万元房子。到了2016年，胡先生买在通州的这套房子的价格已经上涨到700多万元，据说该小区附近准备办一所双语学校，这样一来，胡先生的房子将会成为学区房，市场估价可能会突破1100万元。而张先生的房价虽然也上涨了一点，但是根本卖不出去，而且孩子们的教育也明显不如北京。很明显，张先生和胡先生关于生活方面的思维存在一些差距，至少胡先生比张先生更加注重对稀缺资源的索取。

在生活中，很多人之所以能够占据发展的优势，能够在财富、权势、地位、名誉等方面做到出类拔萃，就在于他们拥有掌控稀缺资源的嗅觉和能力。为什么很多人都喜欢去一线城市购买房子，为什么人们都努力想获得更高的社会地位，为什么父母都在想办法购买学区房或者想办法让孩子就读于名校，为什么人们总在想办法抢占最具发展潜力的投资项目，这一切都在于稀缺资源的边际效用很大，占据了这些稀缺资源，人们的生存条件就可以得到极大的改善。

从整个经济生活来说，经济学几乎可以被定义为关于交换的研究，而且所有关于交换的例子中，其实都贯穿着“稀缺”这个最基本的主题。资源的有限性与欲望的无穷性，直接凸显出了“稀缺”这个主题。从某种意义上来说，经济问题的源头就在于资源的稀缺，而理性人要做的就是获取更多的稀缺资源，来完成人生更有意义的建设。

经济人和理性人

在经济学的内容中，人们经常会接触两个概念，一个是理性人，一个是经济人，它们是经济学中的重要概念，也是人们学习和掌握经济学相关知识时不可不知的知识点。经济人是指假定某人的思考和行为都是建立在目标理性的基础上，他唯一试图获得的经济好处就是确保自己的物质性补偿能够最大化。在古典经济学中，人被当作经济动物来看待，《国富论》的作者亚当·斯密说过这样一段话："每天所需要的食物和饮料，不是出自屠户、酿酒师和面包师的恩惠，而是出于他们自利的打算。不说唤起他们利他心的话，而说唤起他们利己心的话；不说自己需要，而说对他们有好处。"这段话实际上就指出了经济人的一些特征。

经济学与管理学中有一种X理论，就是对经济人假设的总结和概括。按照这种理论分析，经济人具有一些这样的基本特点：多数人天生懒惰，总是想方设法逃避工作；多数人缺乏雄心大志，缺乏责任心，甘于接受他人的管理和指导；多数人只想追求个人目标，经常与组织目标相矛盾，需要对其进行严加管束，也离不开必要的惩罚；多数人上班工作只是为了满足基本的生理需要和安全需要，他们只习惯于在金钱和地位的鼓励下工作。人大致可分为两类，多数人属于上面的某一类人，而少数人能够自我约束和自我鼓励。

在西方古典经济学中，人们对于经济人的假设提出了一个基本的看法，他们觉得人具有完全的理性，能够做出让自己的利益最大化的选择。理性人与经济人有一定的关联性，是经济人的一种延续，也被称为理性的经济人。所谓理性人，是指经济决策的主体都是充满理性且完全关注自身利益的，他们所追求的就是确保自己的利益最大化，因此他们的行为模式更多地停留在追求个人利益最大化的基础上。理性人拥有一些典型的行为特征，比如追求个人利益的最大化，他们不断地努力为自己所能支配的资本找到最有利的用途，且不会信任其他人。在经济活动中，每一个理性的参与者都会表现出追求个人利益最大化的倾向，比如消费者会追求产品效用最大化，厂商在乎的是利润最大化，要素（资源）所有者强调的是收入最大化，政府以及相关负责机构追求目标决策最优化。

按照理性人的概念，作为经济决策的主体都是理智的，不会轻易感情用事，也不会盲从他人行事，他们会理性分析和精确地判断、计算。理性人的理性分析通常建立在信息充分的基础上。首先，理性人对于环境的相关情况要非常了解，有相当丰富的知识来应对环境中的变化。其次，理性人非常喜欢把事情的条理梳理清楚，而且会追求一种稳定的状态，在事情不清楚或者存在波动之前，不会轻易得出结论。再者，理性人精于计算，对于每一种判断和选择所得到的结果都会进行提前运算，他们是非常可靠且务实的计算者，会通过计算结果来进行决策。最后，理性人总是追求最优结果，如果结果达不到最优，那么他们还会寻找新的方案。总的来说，理性人会在信息完备的前提下，找到所有合适的备选方案，然后通过计算和分析来讨论每一种备选方案的实施结果，最后从备选方案中找到最优方案。

理性人是在经济学发展过程中形成的，是经济学与理性主义的产物。

无论是经济人还是理性人，他们都是在自身认知范畴（知识范畴）内进行分析和判断的，他们做出来的选择可能自认为是理性的，但是一旦信息超出了自己的认知范围，那么就会变成一种非理性行为。由于个人不可能知道所有的备选方案，掌握的信息也是不完备的，认知能力与计算能力都会受到限制，而人的外部环境是不确定的、复杂的，也就是说，一个人想要做到完全理性是不可能的。因此，在1978年，诺贝尔经济学奖得主赫伯特·西蒙对这一假设进行了修正，提出了“人是有限理性”的观点，认为人是介于完全理性与非理性之间的有限理性状态，正是这种有限理性的状态在指导人们的行为。

与此同时，个人在追求自身利益最大化的时候，可能也会引导自我寻找一个最有利于社会的途径，即便人们一开始并不是为了追求社会效益最大化。比如，有人准备过马路，按照经济人和理性人的想法，肯定是抢在别人前面过马路，当所有过马路的人都在试图抢在别人前面，反而会导致所有人都被堵在路上。只有严格按照交通规则，尤其是红绿灯的指导行动，才能够保持道路的畅通，这也是整个社会交通体系得以保持顺畅的前提。

理性经济人或者说理性人假设是理解现代经济学、认识现代经济规律的前提，假设所有人都遵守内心的道德指导，没有私心和私利，那么整个社会的发展也会出现问题。商家对产品的销售，企业之间的竞争，以及对消费者需求的调查，都会出现问题，对整个经济学的认识也会产生重大误差。当发生失窃或者出现经济案件尤其是金融案件时，如果以道德人进行假设，那么就无法掌握作案者的动机。对于那些想要了解经济学并利用经济学知识和理念来指导生活的人来说，理性人假设是一把打通经济学大门的关键钥匙。当然，理性人假设并不意味着要自私自利，并不意味着就提倡以满足私利为主的生活理念，它只是理解经济规律的一个重要工具。

什么是经济学思维？

有两件产品看上去似乎一模一样，但是第一件产品标价70元，第二件产品标价100元，这个时候人们会如何选择呢？恐怕多数人都会认为自己是经济人，而按照经济人的想法，应该选择标价更低的70元产品。这是一个非常简单的加减问题，因此多数人很容易做出决定和选择。不过若是有人告诉他们，70元的产品使用时间为3年，而100元的产品可以用5年，那么又该如何进行选择？

如果对相关的要素进一步补充，这些产品属于专用工具，购买者只需要用3年，那么又该如何做出选择呢？如果这些产品不用之后可以用于出租，又应该如何进行选择呢？如果不同的产品可以按照不同的分期付款的形式购买，又应该做出什么选择呢？当这个问题涉及的因素越来越多的时候，情况就会变得越来越复杂，人们的分析也需要越来越精细。只有那些了解经济学且能够运用经济学理念来思考问题的人，才有机会做出最合理的决策，而这些思考方式可以归结为经济学思维。

经济学思维更多的是一种理性思维，这种理性思维与经济学知识相结合，从而形成一种有效应对资源配置的思维模式，目的是降低成本、提高收益，保证资源的利用和效益最大化。很多人都见过一个这样的题目：某一天，某人突然拥有两个发财的选择，第一个选择是直接从盒子里拿走价值200万元的支票，第二个选择是在两个盒子中任意挑选一个打开，其中一个盒子里装着价值1亿元的支票，但另外一个盒子里空空如也。

按照多数人的想法，必定会选择第一项，即直接拿走200万元，理由很简单，挑战第二个选择意味着有50%的可能会一无所获。当人们面对可以稳稳地拿走200万元的机会时，自然不会轻易错过，这样的选择似乎也很合理，毕竟稳定性压倒了一切。可是对于少数更加理性的人来说，可能会挑战第二个选择，在两个盒子中间做出抉择。

第二个选择表面上来看是一个碰运气的行为，赌的就是50%的概率，但实际上了解经济学思维的人会巧妙地将这个问题进行转化。比如有的人会将第二个选择中打开两个盒子的决定权卖给第三方，出价500万元，直接将拿到1亿元巨款的概率让给对方。又或者可以进一步细化这种转让模式：将机会让给第三方，并且约定如果对方没有打开1亿元的盒子，那么自己则收取200万元的首付，如果对方幸运地打开了拥有1亿元支票的盒子，那么对方需要将这笔钱进行平分，一共支付给他5000万元。这很明显是比较安全的转移风险的方法，可以保证转让机会的人不会空手而归。

还有一些人会继续调整思路，他可以将第二个选择权进行细分，不再局限于两个盒子，而是分成几千份或者几万份，甚至更多，然后像彩票一样出售摸奖的机会，并依据奖项设定不同的奖金，从1000万元到几十元不等。对这些抽奖券进行发放和出售，可以保证自己获得更大的收益。通过各种奇妙而高效的调整，人们就会发现，自己根本没有必要束缚在两个选择当中，而是要跳出惯性思维，巧妙地运用各种合理的操作来保证利益的最大化。

很显然，当一个人拥有出色的经济学思维之后，就可以更为高效地利用现有资源进行创收，可以让资源配置发挥出最大的效用。在谈到经济学的时候，有一个重要的概念，那就是资源是稀缺的。在经济学思维中也是一样，经济学思维关键的一点就是承认资源是稀缺的，而这种稀缺性可以促使人们更加聪明、更加合理地进行资源配置，提高利用的效率。

许多人认为学习经济学的目的是掌握经济知识，借助这些理论知识来提升自己的权威性，但其实没有多少人学习经济学是为了成为经济领域内的专业人才，而是想通过对经济学理论知识的了解，获得一种更加高效的思维方式，更合理地思考生活和工作中出现的问题，确保在合理范畴内的效益最大化。之所以要强调合理范畴，就是因为资源总是稀缺的，个人的能力与信息也是稀缺的，人们不可能纵览全局，不可能掌控一切潜在要素，只能做到在自我认知范畴内的有限理性，而不是盲目思考和分析问题。

经济学思维的存在在于指导人们从经济学的角度，采用一系列科学的方法，利用经济学理论来解释社会中的各类现象，解析人类社会中出现的各种行为，并且为自己争取利益最大化创造条件。这些指导和思维基于合理的价值判断，能够帮助人们更好地理解生活，更加清晰地认识这个世界。

在日常生活中，有很多常见的经济现象，背后都需要运用经济学思维进行指导，类似产品买卖与市场供求的关系，类似结婚生子与家庭开支，类似房屋管控与房价调节，类似对交通工具的选择和交通体系的完善、改革，这些都隐藏着很多经济学知识，也会对人们的日常生活产生很大的影响。因此，人们有必要通过更为合理的经济学思维进行分析和指导。

这里涉及几个问题，第一个是经济现象的本质，比如为什么产品价格越降越低时反而卖不出去，当产品适当提价了，反而更加受到消费者的热捧？如果从惯性思维来说，这是一个悖论，但了解经济学规律的人就知道，在经济运作的过程中离不开信息要素，当信息不完善甚至被刻意隐藏的时候，人们就会做出误判，他们会觉得价格越高的产品，质量和性能肯定也就越好。

第二个就是事与愿违，严格来说经济学关注的很多问题都是一些非常规的现象，比如经济学政策制定的初衷是为了降低成本消耗，提高创造财富的效率，但事实上很多政策本身就是在消耗资源。

总而言之，经济学思维是一种价值观和思考模式，目的是帮助人们更加科学地进行思考和分析，从而为自己的经济生活和日常行为提供更合理的指导，确保效益的最大化。

经济学思维的4个分析方法

如果对经济学思维进行简化处理，那么经济学思维的两个基本假设就是理性经济人和资源稀缺性。经济学思维所要解决的问题就是资源配置，经济学思维强调个人选择与社会合作，而为了更好地解决资源配置，协调好个人选择与社会合作带来的资源高效配置，就需要采用一些高效的分析方法。

在经济学思维中，最基本的4个分析方法为：最大化分析方法、投入产出分析方法、边际分析方法、均衡分析方法。

——最大化分析方法

最大化分析方法指的是资源配置下的效益最大化，比如公司的领导者能想办法对资源进行合理配置，能够积极地推进管理体系的建设和完善，能够善待人才，这样才会真正形成高效的运营模式。对于个人来说，真正的利益最大化源于个人的合理选择，源于个人工作效率的提高，也源于个人在经济生活中对高质量工作、投资技巧的掌握。

需要注意的是，最大化分析方法并非仅仅强调个人的利益最大化，它重在协调个人选择与社会合作状态下的一种最合理效益，这是一种理性思维状态下的结果。比如某企业为了提高效益，准备让员工加班，并且尽量不给员工加班费，这样就能够节省更多的成本。从理论上来说，在成本没有增加而工作时间加长、产量大量增加的前提下，企业能够保证效益最大化。但问题在于员工可能会在无报酬的加班中产生抗拒或消极心理，这会直接影响到他们的工作效率，因此最终的结果是员工出工不出力，而且工作产量比正常上班时要更低。不仅如此，工商部门可能会找上门，对企业非法占用工人的休息时间以及不支付加班费的行为进行惩罚，社会舆论也会批评这家企业是一家不负责任的“血汗企业”，这些都会对企业的形象和品牌造成严重的影响。

从公司职员的角度来说，为了确保自身利益的最大化，可能会争取以最小的付出获得最大的收益，他们可能会选择在工作中偷懒，这样就可以在不付出劳动的情况下获得工资；或者也可以想办法在工作中谋取私利，甚至违背公司的发展目标。从长远来看，这些短期的个人收益最大化并不能持久，因为个人的破坏，公司的效益会下降，而员工获得的工资和奖金自然会受到影响，一些品行不端的员工还会被公司开除。

——投入产出分析方法

投入和产出一直都是对立却紧密联系的概念，它的本质就是成本和收益的关系，任何一种经济学思维都会对投入和产出进行分析，看看产出是否会超过投入，如果产出比投入要高，那就证明经营方式是正确的。企业投入大量的资金、技术、人力以及时间在某个项目上，自然希望获得更高的产量和效益，而为了确保更高的效益，在保证基本的投入前提下，提升工作技能、打造更强大的技术、做好团队建设、提升执行力、提升人职匹配、完善工作流程，这些都可以在控制投入的前提下提高产出。

另外，投入和产出不能局限在某一特定方面，它们往往需要放在一个更广泛的空间去讨论，比如每一个人都有不同的投资选择，为了确保收益最大化，就需要对不同的投资项目的投入和产出进行分析，看看哪一种投入和产出的比例更合理，哪一种投入创造出的效益更大。假设A项目投入1万元，可以获得2000元的回报，而B项目投入8000元，就可以获得1.2万元的回报，那么投资B项目显然是更加合理的选择。

投入产出分析方法往往涉及成本、机会成本、效率、流程优化、供需关系等诸多经济学内容。

——边际分析方法

边际是经济学中一个重要概念，在人们关于投资、创业、就业、分配、合作等诸多经济学项目中，边际分析都是一个绕不开的因素。比如很多人都觉得自己获得的东西越多越好，但是当获得（产出）越来越多时，往往也意味着投入越来越多，这个时候就需要分析每一次增加的投入与每一次增加投入后带来的产出是否合理。

一个人养了10头牛，每年的盈利为2万元，他准备多养几头牛，这个时候就需要计算边际效用。比如多养一头牛需要增加更多的成本（盖新的牛舍，雇用更多的人，需要额外再购买一个草场），而收益却开始下降（管理水平变低，草料的质量变差，批量出售牛肉的价格会低一些）。如果这个时候将多出来的钱养鸡，可能会带来更好的收益，而且养殖鸡具有创收快的优点。

又如有一家企业每年都在亏损，这显然违背了“利益最大化”的发展目标，这家企业却一直都在运营。如果从经济学的角度来看，当企业的平均成本高于平均收益时，企业就会面临亏损，亏损太多的话，企业迟早都会因为无利可图而关门或者破产。这是一种正常的经济学思维，但是从边际分析的角度来看，如果边际成本（每增加一个产品产生的成本）低于边际收益（每增加一单位产品的销售所增加的收益），那就证明企业还有追求利润的空间，就有足够的空间继续经营，直到边际成本等于边际收益。

相比于单纯的比较成本和收益，使用边际分析，无疑能够更好地提高效益，真正保证收益的最大化。

——均衡分析方法

一对好朋友一起外出经商，两个人有多种经商的方式可供选择。首先，他们可以选择合作开一个超市，收益为600元，而单独行动的话，超市的收益可能为0元。其次，他们可以选择各自经营一家餐馆，餐馆的收益为200元，如果合作的话，也会有400元的收益。

在这个时候，双方可能会存在以下4种不同的组合策略：

第一种，两个人合作开超市，每个人都可以获得300元的收益。

第二种，其中一人更倾向于开超市，而且他觉得自己有能力单独完成这项工作。而朋友觉得开超市有风险，还是开餐馆更加稳妥一些，因此朋友选择开餐馆。此时选择开超市的人的收益为0元，而朋友会在开餐馆的过程中获得200元的收益。

第三种，朋友选择一个人开超市，收益为0元，另外一个人选择开餐馆，收益为200元。

第四种，两个人都准备开餐馆，这个时候双方分别可以获得200元的收益。

在这些策略组合中，第一种策略组合和第四种策略组合相对来说更合理，其中第一种策略组合的收益最高。这两个策略形成了一种均衡，双方在选择这两个策略组合的时候，不会做出策略上的改变，因为一旦一方做出改变，就意味着另一方的利益会遭受损失。比如在第一个策略中，任何一方决定开餐馆，收益都会从300元降为200元。在第四个策略中也是一样，一旦有人打算偷偷去开超市，那么收益就会从固定的200元变成0元。

均衡是资源配置中的重要理念，也是经济学思维中最容易被忽视的一个概念，它通常涉及博弈，博弈双方会出于各自的考量而采取最有利于自己的行动。但是当理性人在追求自身效益最大化的同时，可能会适得其反，考虑到自身的决定会对其他人的决定产生影响，任何人都不能孤立地看待自己的利益，要平衡自己与他人之间的决策，从而保证在一个相对均衡的状态下谋取利益。

对于那些想要培养经济学思维的人来说，掌握这4种基本的分析方法至关重要，它们是支撑起经济学思维并提升思维高度的关键要素。

经济学思维的8个特点

许多人都认为自己有经济头脑，能够在经济学领域拥有出色的操作能力，有些人可能还是经济学的专业人才，但是经济方面的才能一定会帮助他们建立起经济学思维吗？经济学思维是一种理性思维，这种理性并不仅仅是对经济学理论知识的掌控，不仅仅是单纯的商业运作和经济调控，而是生活中方方面面的总和运作，其基本模式就是合理运用周边的资源，确保收益的最大化。

比如一个出色的经济学家，一个金融大师，可能会在婚姻和夫妻关系方面表现得非常糟糕；一个股票分析大师可能没有想过自己如果从事商业顾问的工作，会表现得更加出众；一个优秀的会计师，也许从来没有想过自己在这份工作中的得与失。很多微观层面其实更能够展示出一个人是否具备经济学思维，是否活用了自己所学的经济学知识。

从某种意义上来说，多数人对于经济学思维的理解是狭隘的，他们并不理解什么是经济学思维。经济学思维具有几个明显的特点：

——用稀缺资源生产物品是有代价的

经济学思维的一个重要理念就是，资源是稀缺的，而正因为资源是稀缺的，人们必须想方设法抢占资源，并且对其进行合理分配。不过在使用稀缺资源的时候，往往需要付出一定的代价，尤其是使用稀缺资源生产物品时，需要承受一定的成本，而人们应该对成本支出以及可能产生的收益进行对比，确保收益的最大化。

对于经济紧张的人来说，想要购买房子，就要暂时放弃购买汽车和其他奢侈品；一个企业想要在高科技领域进行竞争，就需要投入更多的成本进行技术研发；在中东，很多国家想要购买淡水资源，需要支付更多的钱。这些稀缺资源的利用和选择，都是需要付出一定的成本的。

——个人的选择是有目的的

每一个选择和决策的背后都有相应的动机，决策者和执行者不会无缘无故做一件事情，他们不会完全依赖道德准则来做事。“私心”使一个人得以生存，也是人格得以健全的基本保障，尽管很多人对于“自私”“自利”这样的词充满了厌恶感。过于浓厚的情感色彩和一直以来的偏见，让人们对于“自私”保持绝对的排斥和愤怒，但问题在于每一个人都有自私的一面，每一个人的身上或多或少都存在着经济人或者理性人的影子，可以说每一个人的选择都具有一定的功利性和目的性，只不过有些人的目的是建立在理性思维的基础上，而有的人只是盲目地为自己服务。

在经济学思维中，人们会理性地处理好资源，会谨慎合理地分配，确保自己的判断和行为变得更加高效，而前提自然还是要保障自己的目标能够通过合理的方式实现。超市的商品为什么会平白无故降价，无非是为了吸引顾客，刺激销量；为什么其他人都在种植作物，而有的人要想办法加工农副产品呢？无非是为了把握最大的机会成本。人们的选择都有自己的目的，而这个目的大都是为了确保能获得更高的收益。

——激励至关重要

个人的行为和选择具有一定的动机，但是这种动机有时候是隐性的，需要进行外在的激励或者自我激励。激励能够帮助人们做出选择，至少是可以坚定做出决策的意愿。比如一个最简单的例子，老板希望员工用心工作，希望员工可以在工作中投入更多的时间、精力，希望员工保持出色的工作状态和很强的责任心，从而促使他们创造更多的利润。但是员工本身的工作就具有满足私利的目标，员工的出发点必定也包含了对自身利益的满足。如果老板愿意给予物质奖励和精神上的激励，满足员工、尊重员工，自然能够有效提高员工的工作效率。没有足够的激励和付出，人们在工作中会表现得更为懈怠。同样，经济政策和一些公共政策的提出也包含了激励措施，比如很多城市为了引进人才，就会降低人才的落户标准，还会对人才给予政策性补贴。一些城市为了刺激房市，会给予购房补贴，这样就会有大量购房者进入房市。假设让一个经济学家进行犯罪学以及法律方面的教育，那么他们肯定会谈论犯罪的成本以及惩罚性的后果，这也是一种激励（负向激励或者惩罚性激励）。

——经济学思维是边际思维

经济学思维是确保效益最大化的，但是在资源利用以及投入的过程中，往往还存在一个重要概念，那就是边际收益。当人们不断投入更多的成本时，如果收益呈现递减的趋势，那么这种投资就要及时停止。为了确保收益的最大化，人们必须要确保最后一个单位的投入能创造更高的收益。比如，那些优秀的企业总是能够合理安排各部门、各岗位的工作，每一个人都可以在适合自己的岗位上工作。如果贸然在部门内部增加员工，也许业务会增加一些，业绩也能提升一些，但是由此付出的成本也在增加，此时的边际收益是递减的，即每增加一个人，企业的纯利润是下降的，因为企业增加的那些人，他们创造的价值还不足以维持企业增加的成本开支。

边际思维是经济学思维中最重要的思维形态之一，或者从某种意义上来说，经济学思维所强调的就是边际思维，毕竟边际收益直接决定了效益能否真的做到最大化。

——获取信息是有代价的

在经济学思维中，信息是一个非常重要的因素，但信息本身也是稀缺资源，只有掌控好这些稀缺资源的人，才能够提高信息的价值，才能够让自己的选择产生最大的效益。但获取信息本身就是一个需要成本的过程，因为其他人也会想方设法获得这些信息，任何人都需要付出成本才能获得这一类信息，要么是花钱购买信息，要么就是因为获得了这些信息而被迫放弃其他的信息。最明显的就是读书，读书时需要购买书本，需要在教育方面进行投资，这样才能确保自己掌握更多的知识，如果不愿意花钱读书，那么就很难掌握书本知识和课堂知识。同样，因为将时间和钱都放在了读书上，人们进入社会的时间会更晚，自然也会失去更多获取社会信息的机会。人们为了获得更丰富的信息，需要购买手机和电视，也需要为网络支付各种费用。还有，商家为了宣传产品，会在各种平台上打广告，而这些广告费用最终也嫁接和转移到消费者手中，可以说消费者从广告中获得了产品的信息，也为之支付了一笔钱。

——经济行为除了直接效应，通常还产生次要效应

在如今人与人之间联系日益紧密的时代，个人的任何经济行为都会

对其他人产生影响，不仅如此，机构或者个人在追求某一目标所采取的经济行为会产生直接的结果，还会产生一些次要的间接的影响。比如猪肉上涨之后，最直接的影响就是导致人们的开支增加，生活水平下降，并直接带动了其他肉类的价格，这是直接效应；而猪肉上涨的次要效应就是在一段时间内会导致房价实现软着陆，人们会突然意识到相比于猪肉价格的暴涨，高房价似乎也情有可原。无论是直接效应还是次要效应，都体现出了经济行为的关联性和多面性。

——物品和劳务的价值是主观的（效用价值论）

在经济学理论中，物品的价值往往是由使用价值决定的，因此很多物品的价值表面看上去应该就是客观的，但事实并非如此，很多物品和劳务的价值是主观的。一件阿玛尼的西服，固然有很高的价值，里面的设计以及用料都值很多钱，但一件西服能卖到几万元的高价，绝对不是因为设计出众和用料昂贵，而是在于人们对阿玛尼这个品牌的认同，大家觉得阿玛尼代表了高端，代表了优质，因此它的西服就可以卖到高价。在生活中，很多物品都是在主观上判断价值的，人们会对物品的效用价值进行主观评估。

——检验的理论标准是理论的预测能力

经济学思维往往离不开相应的经济学理论知识，这些理论知识具有一定的预测能力，而人们要做的就是将这些理论知识与生活结合起来，看看这些理论是否可以对生活做出预测和指导，是否会对生活产生影响。要知道，预测能力本身是建立在精确计算和分析的基础上的，预测的结果本身就体现出了计算和分析的结果。类似于养猪还是养鸡的机会成本计算，往往会比较清晰，人们可以依据这些计算结果做出精准的预测，从而保证自己的效益最大化。从宏观角度来分析，一个经济学理论和观点的推行，往往需要建立在合理预测和科学分析的基础之上。

以上8点就是经济学思维的8个基本特点，人们想要弄清楚自己是否运用了经济学思维来思考和分析问题，就需要将自己的思维模式对应这8点进行对比，看看自己是否满足了这些基本条件，是否体现出经济学思维的基本特点。

用经济学思维改变生活

许多人对于经济学思维并不了解，也丝毫不关心经济学以及经济学思维，对于身边发生的那些事情，人们并没有进行过多的分析，或者说没有进行深入分析的习惯。大家不妨扪心自问一下：是否知道什么时候买房最划算，是否想过为什么同样一种东西在不同的平台上会卖出不同的价格，是否想过为什么别人买房挣钱而自己总是亏损，是否想过为什么有的东西可以用其他东西进行交换而有的只能用钱买，是否思考过火车票和地铁票应不应该涨价，是否想过为什么那么多大国都无法生产出小小的圆珠笔芯，是否考虑过为什么一件产品在大卖之后往往会很快陷入滞销状态，是否想过为什么有的产品由市场定价而有的产品由政府定价。这一系列问题都和经济学知识有关，也都需要借助经济学的相关知识和思维方式来解读。对于多数人而言，当他们不具备经济学思维的时候，很难将这些问题和自己的生活联系在一起，也很难运用经济学思维来指导和改善自己的生活。

而那些了解经济学且培养出了经济学思维的人，就能够从常见的经济现象和生活事件中挖掘出本质，能够运用所学知识来指导自己的生活和工作。相比于普通人，他们的生活水平更高，更善于投资，更善于把握就业机会，更善于处理日常琐事，更善于管理好自己的资产，也更善于平衡和配置自己的资源。从某种意义上来说，运用经济学思维来思考生活，生活可以变得更加高效，因为经济学思维可以帮助人们跳出日常生活的思维局限，重新审视那些困扰自身的问题，并且采用一种更加理性的、客观的、高效的方式来思考和解决问题。

比如在最初的物物交换以及商品交易的雏形中，买卖双方更加看重的是产品的性能以及价值，如一瓶水可能只值一元钱，或者说只能交换一个漂亮的贝壳。在这种简单的交易模式中，卖家的操作方式比较简单，但是也同样非常狭隘，因为买家可能并不认识卖家，也不清楚卖家的产品，卖家能吸引到的买家非常有限，因此产品的销路并不会太好。接着，有些卖家想到了打广告的办法，甚至在宣传广告中形成品牌意识，这个时候，依靠宣传就可以打通销路，为产品吸引到几倍、几十倍甚至几万倍、几十万倍的买家。

所以人们质疑：出售一瓶价格为1～2元的普通纯净水，为什么要花几百万元甚至上千万元邀请明星代言呢？要知道这些明星的代言费以及相关的电视广告支出，就足够卖出几百万、几千万瓶水了，从经济实惠的角度来说，这笔代言费和广告费花得太冤枉了，完全可以节省下来。听起来很有道理，但若是商家足够聪明理性的话，就会明白明星效应会带来成千上万乃至几十万、几百万的消费者，他们创造的潜在收益可能是几亿瓶水的销量。明星以及广告服务成为商品交易中的重要环节，甚至在很多时候比产品本身更具吸引力，而这就是经济思维在起作用。

对于商家而言，邀请明星打广告是一种有效提高销量和价格的方法；而对于消费者来说，如果能够运用经济学思维挖掘本质，就会发现被明星代言过的那些纯净水，未必比那些没有明星代言的普通纯净水更加健康好喝，除了品牌效应带来的高价，似乎并不具备其他什么优势，如果只是为了单纯地解渴，完全可以花更少的钱买其他品牌的纯净水。

又如，在20世纪90年代，很多年轻人开始出去打工，这些人中有很多人最后都在大城市里站稳了脚跟，而更多的人则仍旧选择在农村里务农，对他们而言，土地是最基本的生活保障，有了土地就不会饿肚子，就可以生产出更多的粮食拉出去卖。大多数人被束缚在土地上，并因此丧失了其他生存和发展的可能性。对于打工者来说，他们计算过了在家务农的机会成本，而打工带来的效益就是最大的机会成本。

经济学思维的一个核心理念就是理性，理性的人可以更好地计算和分析自己的生活选择，这种选择是一种科学分析，甚至是建立在数学模型上的，它具有客观性，而且兼顾了人们对各种信息的综合分析，是比较适合自身生活条件的一种选择。如果说生活中处处都有经济学的影子，那么生活中处处都离不开经济学思维，它可以改变人们的工作、生活，尽可能地调动和配置身边的资源，使其发挥最大的效用。

比如当前人们最关心的问题就是住房，在房价高涨的背景下，刚需究竟是买房还是租房成了一个热门话题，那么究竟是租房好，还是买房好呢？这需要每一个人针对自己的实际情况进行考量，家庭存款是否足够，是否拥有稳定的可观的收入，其他方面的家庭开支是否庞大，是否会对孩子的教育产生影响。只有对所有的要素进行综合分析和平衡，才能做出一个理性的分析，将自己手上仅有的钱分配到位，使其产生最大的效用。

很多人喜欢跟从他人买房，结果由于自身的经济实力不济，导致整个家庭都背负沉重的房贷，没有过多的钱投入孩子的教育当中，没有过多的钱用于改善一家人的生活品质，甚至还要担心家人生病。在接下来30年的房贷生涯中，整个家庭都将要承受高压生活。也有一些人通过买房改变了自己的生活，借助房价上涨的趋势，让房子成为最佳的投资品，几年的时间内价格上翻了5～10倍。很多一线城市的人就是因为在10年前把握了房产的发展趋势，改变了自己的生活。

其实，多数人在面对生活时，容易被一些表象迷惑，感到困扰，从而缺乏更为深入分析的能力。只有主动了解和学习经济学知识，运用经济学思维来解决问题，才能将生活水平提高到一个更高的层次上。

第二章

投资和创业不可或缺的思维

为什么钱都被中间商给挣了？（信息不对称）

某地有很多农民种植了杨梅，他们种植的杨梅个大味甜，品相非常好，是非常难得的上品。在北京、上海的大型超市以及一些水果专卖店中，这类杨梅可以卖到40元一斤的高价，但令人震惊的是，种植杨梅的人，他们的生活条件并不好，出售的杨梅也多是3～4元一斤的批发价。从出售给消费者的40元终端价格，再到3～4元的初始价格，可以看出中间贩售杨梅的商家已经翻了好几倍的价格。同样，在2019年，某地西瓜大丰收，瓜农将西瓜以每斤0.5元的价格批发出去，而在距离西瓜种植基地不足260公里的地方，这些西瓜的价格却达到了2.5元一斤。

类似这种在流通过程中价格翻倍的行为，是整个销售行业中最常见的现象，几乎各行各业都存在这种情况。尤其是当一个产品从研发、生产，投向市场，再经过市场中多次的流转之后，价格往往会不断攀升，在市场中流转的次数越多，时间越长，经手的中间商越多，那么最终的价格落差也就越大。

比如在日常生活中，很多人都希望自己购买的商品是厂家直销的，或者自己可以直接从厂家进货，这样就能够省下一大笔钱。就拿一件普通的羊毛衫来说，出厂时的价格可能只有150元，也就是说如果消费者直接向厂家订购，那么就可以拿到最低的价格。但事实上，多数人都无法直接从厂家拿货，这个时候，羊毛衫可能会以批发的形式流入服装批发市场，价格高于150元。一些大型批发商会再次转手，以240元的价格卖给新的批发商，新的批发商接着以350元的价格卖给前来进货的服装店老板，最后服装店老板以500元的价格将羊毛衫出售给普通顾客。由于没有直接从厂家拿到货，消费者不得不以高于原价150元的价格买到衣服。

当消费者在感慨衣服越来越贵的时候，殊不知挣到钱的并不是厂家，而是那些中间商、经销商、批发商剥夺了大部分的利润。在一个行业中，商品从生产到流转的过程并不是一个单一的环节就交付，经常会有更多的中间商参与进来，这些中间商都是为了盈利，都是为了让自己获得更高的报酬，销售价格不断被推高也就在所难免了。

也不是所有的流转过程都是以价格增高的形式表现出来的，很多时候，由于中间商层层克扣，盈利的空间和价格都会下降。比如一家建筑公司以3亿元的价格承包了一个大工程后，可能会以2.5亿元的价格转手让给外包公司去做，而外包公司在进行评估之后也许会以2.2亿元的价格转给其他公司，第三家接手的公司可能又会以2亿元的价格继续转让给下一家。随着转让次数的增加，最后接手的那家公司可能会得到更低的报价，而这一系列报价下，公司能得到的利润基本上已经被榨干了，而工程的质量也可想而知。

在流转过程中无论是价格上涨，还是下降，本质上都是因为参与的中间商剥夺了大部分的利润，那么为什么中间商往往会成为利润的最大获得者呢？为什么出厂商无法挣到更多的钱呢？为什么消费者愿意为自己购买的产品支付高价呢？这里涉及的经济学概念就是信息。

在生活中，经常可以听到一些人这样说："买衣服的时候，只要对准销售员开出来的价格，再用力砍掉一半就行了。"虽然多数时候人们并不具备砍掉一半价格的能力，但的确证明了中间商、经销商的超大盈利空间，这种超大的盈利空间正是源于信息，可以说最大的利润就是信息。

买西瓜的人固然也会觉得2.5元一斤的价格偏贵了点，但小贩或者超市的销售员会告诉消费者“今年的收成不太好，西瓜普遍都贵”，而事实上，很多西瓜种植基地都大丰收，完全可以以0.5元或者1元的价格买到西瓜。只不过消费者都不清楚西瓜基地在哪里，西瓜是否大丰收，更不清楚小贩和商家的进价，因此只能付出更高的价钱。有些人即便知道西瓜大丰收，知道附近某个地方有一个西瓜基地，但是没有前往西瓜基地的渠道（渠道本身也属于一种信息），也就无法和瓜农直接建立联结。反过来说，厂家也常常无法和消费者直接建立联结，因为他的渠道不够。

买衣服的人也是一样，他们不知道从哪里进货是最便宜的，不知道一件衣服的成本价是多少，但商家对此一清二楚，他们能够以最小的成本购进衣服，然后以高价卖出，靠的就是对信息的绝对掌控。假设某个消费者就住在服装加工厂附近，或者就住在批发市场附近，那么他就不会轻易相信服装店销售员的话。许多杭州人都会选择去杭州四季青购买衣服，广州很多人会选择去上下九国际服装城购物，这些地方的衣服价格非常实惠，同一款衣服往往要比服装店和专卖店的便宜一半。

对于中间商来说，信息就是最大的盈利保障，因为信息是一种稀缺资源，而这种稀缺资源被谁掌控，那么谁就获得了交易的优势。在经济学中，信息不对称是一个普遍现象，掌握更多关键信息的人往往会在博弈中掌握主动权，他们可以借助信息优势提出更多有利于自己的条件，而信息匮乏的一方由于不清楚真实的状况，只能接受对方开出来的条件。想要打破这种局面，消费者就要想方设法掌控更多的关键信息，只有实现信息平等，消费者才有希望以最优惠的价格买到商品。

不要将鸡蛋放在一个篮子里

关于投资，很多人都有自己的想法和选择，比如巴菲特就是坚持投资集中化的代表，他一辈子投资的项目并不是很多，基本上都控制在少数几个重要项目上，而且投资的种类比较单一，并没有像其他人一样投资房产、投资酒店、投资各种不同的项目。也有一些出色的投资者专注于多元化投资，喜欢在不同的项目上进行尝试，将自己的投资范畴扩得很广，与单一的投资方式相比，他们更喜欢多元化的投资模式。

那么究竟是将鸡蛋放在一个篮子里好，还是将鸡蛋分散放在不同的篮子里好呢？关于这个问题，不同的人有不同的想法和理由，不同的人也会有不同的选择倾向，诺贝尔经济学奖获得者马克维茨就是多元化投资的忠实拥趸。自然而然，这种多元化的投资模式更多的是针对个人的，而不是企业的发展，因为企业更多涉及的多元化可能是跨行业的，这样的多元化可能会是一次盲目的投资，会导致资源的过度分散化，企业通常都在强调优势竞争力，好的企业必定会专注于自己最擅长的项目上。个人投资不一样，马克维茨认为个人的投资大多具有家庭属性，还是要考虑安全性，因此人们有必要分散投资项目，确保不同资产类别之间的关联性保持在一个很低的水平上，这样就可以确保当某一项目出现亏损时，不会牵连到其他投资的项目上。

对于这一点很容易了解，一个健康的家庭投资模式通常是多元资产的合理组合。将所有的钱都存放在银行中，听上去非常保险，但实际上收益率很低，加上通货膨胀导致的货币贬值，会使每一年存在银行里的钱都在减少。一些人是狂热的股民，会将大部分的资产用于股市投资，还有一些人则会把所有的钱都用于地产投资上，类似这种单调的投资模式通常都具有一定的风险，而且回报率也不一定很可观。

比如刘先生在2010年的时候，在通州区购买了一套房子，结果到了2016年的时候，房子增值了几百万元。尝到甜头后的刘先生，先后通过借钱和贷款的方式，在通州区购买了2套房子。但由于北京的房产趋于稳定，二手房的价格开始下降，导致这2套房子一直没有什么增值，再加上贷款利息，这2套用于投资的房产基本上处于亏损状态。

张先生是一位有着十几年炒股经验的老股民，他平时在一家外贸公司上班，收入也还不错，但是他每个月基本上都会将90%的收入用于股市投资。这几年，股市一直不景气，张先生仍旧坚持炒股，可收益非常一般，而且经常存在被套的危险，这让妻子忧心忡忡，担心哪一天股市崩盘，自己的全部身家都会搭进去。

关于投资，多数人都只看重投资的回报率，都会重点关注项目究竟存在多大的盈利空间，却没有认真想过潜在的风险。对于普通人来说，这样的投资理念显然是不成熟的，毕竟很多人可能连一次也亏不起。从这一个角度来说，家庭投资其实更加需要兼顾盈利和安全性，任何单一的投资都可能是冒险的、激进的，即便这些单一的投资可能会带来更高的回报，可是单一也意味着亏损风险的无限放大，一旦亏损或者出现意外，那么可能就会亏得血本无归，普通人根本承担不起一朝失利带来的损失。真正合理的家庭投资在盈利的同时，应该更多地培养其成本均摊和风险平摊的思维，因此个人投资应该是多元化的，应该形成一种合理的资产组合。

具体来说，资产类别尽量丰富一些，各种资产类别之间的关联性要低一些，房产、现金保存、储蓄、股票、债券、基金、黄金、稀缺商品都可以作为资产配置的主要元素。一般来说，人们可以根据自己的经济实力适当采用多元化的投资模式，让自己的理财项目稳定在一个相对丰富，同时也能兼顾盈利空间、稳定性的状态。一般的家庭，经济实力有限，那么可以适当地在储蓄、理财产品、保险、股票等领域内进行投资。经济宽裕的人，可以增加一些社会性的投资项目，同时在房产方面做一些尝试，艺术产品和古董收藏也是比较不错的选择。

除此之外，投资者和理财者还要注意对资产进行合理的调整与再平衡，一般来说，人们会依据自身的实际情况对资产的投资比例进行分配。比如很多人会将60%的钱用于房产投资，20%的钱用于储蓄，股票投资为10%，国债和保险各为5%。这种分配比例并不是固定的，人们可以依据自身经济条件的变化或者外在经济形势的变动做出调整。当房地产形势一片大好的时候，可以适当增加房产投资的比例；当股市进入牛市的时候，可以选择增加股票投资的额度；当自己找到某个不错的投资项目时，可以抽出一部分的资金投资这个项目，从而降低其他项目的投资比例。

总而言之，普通人或者普通家庭在进行理财的时候，需要做好分散投资的打算，尽量打造一个合理的投资组合，从而保证稳定的投资回报和投资的安全系数。

理财需要滚雪球的复利思维

如果询问那些最出色的投资者和商人“成功的秘诀是什么”，那么恐怕很多人都会强调这样一个重要的词——“复利”。一个出色的投资者往往会巧妙地利用复利来挣钱，对他们来说，复利就是一个可以撬动财富的杠杆，依靠这个杠杆，人们可以用很少的钱来完成财富的积累。复利是经济学中的一个重要内容，主要是指利用本金产生利益，然后又将本金和利息用来产生新的利益，通过这种方法不断增加新的本金和利息，也就是平时所说的“利滚利”。从事商业活动的人最喜欢利用复利来增强自己的盈利能力。

假设将100万元存入银行之后，一年的年利率是3.5%，那么一年之后的利息就是3.5万元，按照复利的增值模式，到了第二年，直接将原有的本金100万元以及上一年所得的利息3.5万元并在一起算作新的本金，继续存银行，那么第二年年底的银行利息计算方式应该是在103.5万元的基础上按照3.5%的利率进行计算。由于本金不断增加，利息也在不断增加。储蓄的时间越长，那么获得的收益也就越可观。

储蓄是一种比较常见的理财方式，它的主要特点就是平稳，多数家庭都会将储蓄作为一种重要的理财方式，而通过储蓄的复利形式进行理财，不仅能够把握住储蓄中的“稳”，还能最大限度地发挥出储蓄的获利优势。储蓄本身能产生的利息很少，甚至无法对抗通货膨胀，如果单纯依靠储蓄是无法在理财中获利的。一些更具有投资潜力的理财产品或者一些好的商业投资项目，更适合用于家庭资产的增值，也更加适合发挥出复利的优势。

复利本身是一种利滚利的形式，关键在于通过不断增加的利息来增加本金，也就是说，投资的理财项目必须具有比较稳定的持续的盈利空间，即在一个较长时间内，这个理财项目整体上都是增值的。一个聪明的投资人，应该尽可能让自己的增长率更高，尽可能把增长的时间拉长。正如著名的投资大师查理·芒格所说：“累积财富如同滚雪球，最好从长斜坡的顶端开始滚，及早开始，努力让雪球滚得很久。”选择一个相对稳定的挣钱系统或者投资系统，然后尽可能延长复利滚动的时间，让雪球越滚越大，这样积累的财富自然也就越来越多。

比如许多人喜欢投资，其中一些发展势头良好的公司或者项目会受到重视，有些人在投资时坚持固定投资的方式，即始终保持一定数量的投资额，然后相关的利息会及时取出来；而有的人在找到心仪的好项目时，会以复利的形式进行投资，两者之间的差距最终会变得非常明显。许多人对复利不是很了解，经济学家通常会打一个比方：将一张纸对折64次，这张纸最终的厚度会是多少呢？按照常规思维来计算，一张纸对折64次可能也就几米或者几十米的高度，但事实上经过计算会得出惊人的结果。2的64次方等于18446744073709551616，只要对纸张的厚度进行测定，就会发现最终的厚度非常惊人，远远超出地球到月球之间的距离。

尽管复利与纸张对折并不是同样的概念，但最终都是依赖数据的叠加和累积来实现的。假设一个人在进行某项目的投资，且每一周都会比上一周多增加1%的利息，那么到了第二年年初，增长的利益就会比第一年增加1.7倍（一年大约52周，计算方式为：本金×1.01的52次方）。如果每一周都可以比上一周增加10%，那么到了第二年年初的收益就会比第一年高出142倍（本金×1.1的52次方）。通过复利的形式，人们可以让利润实现大幅度的增长。这就是复利的优势所在，它比单利要高一些，而且时间越长，复利的盈利优势越大。以每周增加10%的收益来算，假设最初的本金为1万元，那么采用单利计算的话，每周增加的利益为固定的1000元，52周的收益就是5.2万元，加上本金也不过是6.2万元。采用复利计算的话，本金加上利息会达到惊人的142万元。可见，复利的增值能力要比单利强大得多。著名的物理学家爱因斯坦对于经济学也非常感兴趣，他曾经感慨地说道："复利是世界的第八大奇迹。"这种赞美正是建立在钱生钱的基础上。

对于年轻人来说，应该培养其复利思维，并巧妙利用复利的优势，投资时尽可能拉长投资周期，而且提早进行理财投资很有必要。一个20岁开始投资，每年都获利10%的人，一直投资到45岁，显然比25岁开始投资到45岁且每年获利10%的人要获利更多，这就是复利思维下的时间优势。在谈到复利的优势时，很多人可能会产生一个疑惑，认为自己资金不多，认为自己没有多余的钱去理财，因此会非常谨慎地对待每一次理财机会，短期投资和单利思维会成为常规的操作方式。其实很多时候，人们觉得经济条件不好，反而更应该通过复利来改变现状，提高投资回报率。

复利是最重要的财富倍增的方式之一，培养复利思维能够提升人们累积财富的能力，只要在某一种趋势下继续坚持下去，财富就会以惊人的速度增加。某池塘里有一小片浮萍，这些浮萍每天都以1倍的速度增加，到了第10天的时候，浮萍会填满整个池塘，那么意味着第9天的时候，浮萍只占领了半个池塘。也就是说，仅仅花了一天的时间，浮萍就从半个池塘扩散到整个池塘。很多时候，财富的累积也是一样的，也许一开始的复利增长并不起眼，可是一旦积累到了一定的基础，那么每一次的复利增长都会产生巨大的财富。

从众只会获得平均收益

股神巴菲特曾经这样描述过股市投资的现象："设想你在与一个叫市场先生的人进行股票交易，每天市场先生一定会提出一个他乐意购买你的股票或将他的股票卖给你的价格，不过市场先生的情绪很不稳定。因此，有些日子里市场先生很快活，只看到眼前美好的日子，这时的市场先生就会报出很高的价格；其他日子，市场先生却相当懊丧，只看到眼前的困难，报出的价格也很低。另外市场先生还有一个可爱的特点，他不介意被人冷落，如果市场先生所说的话被人忽略了，他明天还会回来，同时提出他的新报价。市场先生对我们有用的是他口袋中的报价，而不是他的智慧，如果市场先生看起来不太正常，你就可以忽视他或者利用他的这个弱点。但是如果你完全被他控制，后果就不堪设想。"

在这里，巴菲特所描述的市场先生其实就是一种市场盲从的投资现象。简单来说，就是人在进行理财或者投资时，往往都是跟随其他多数人而行动的，他们没有自己的想法和决策，一切都跟随大众行事。这样的从众行为在股市投资中比较常见，像很多人都是买涨不买跌的，依据的就是从众心理，因为多数人都会在股价上涨时买入，并不断推高股价，而跟随者也会不断增多。还有一些人喜欢购买大多数人都看中的股票，哪一只股票的购买者比较多，那么他们就会有很大的意愿来购买这只股票。

类似的现象在生活中也很常见，比如某人想要创业，在不清楚自己应该做点什么的时候，可能就会去关注那些有更多人投资的热点项目。最初做电商生意和互联网项目的人都挣了钱，因此吸引了很多人蜂拥而入。当互联网和电商的概念被炒热之后，就会有更多的人选择加入，这个时候的整个市场已经出现了很多浮夸和虚假繁荣的现象，而且后来的加入者基本上很难再挣到钱了。可以看一看最近几年开淘宝店或者做微商的人，基本上都无法获得较高的盈利，有很多直接面临亏损。

这些经济学现象的背后都是从众思维在作祟，从众思维是一种随大流的想法，做事的人会按照他人的决策来指导自己的行动，而不是按照自己的实际情况做出选择。从众心理是导致市场盲目性的一个根本原因，在人人都想要抢占资源的情况下，可能会因为大量参与者的涌入而导致资源被过度分配，并直接拉低所有参与者的盈利水平。这是一个非常简单的数学计算题，就像一个大蛋糕，6个人吃的话，大家都吃得很饱，但是一旦增加到10个人甚至20个人，那么大家可能就都吃不饱了。任何一个项目都是一块蛋糕，而蛋糕最终都有一个固定的体量，在一个固定的体量下，参与者越多，分配者也就越多，那么分配到每一个人手中的利益自然也会平分掉。

某地决定刺激农业发展，于是当地政府鼓励农民种植桑叶和养蚕，并且专门邀请了技术员进行指导，甚至还专门建造了一个大仓库，提供了一个大型的养蚕基地。当蚕桑项目得到落实之后，先后有10个农户种植了桑树，开始积极养蚕，而他们的投资也很快得到了回报。当地政府继续积极号召其他农户种植果树，或者加大畜牧业的发展，这样就可以有效提高当地的农业经济。可是这一次没有多少农民听进去，他们纷纷觉得种植桑叶和养蚕更挣钱，所以在短短几年时间内，几乎90%的农户都开始种植桑树和养蚕，这里也成了远近闻名的蚕桑基地。可是对于很多养蚕人而言，心里却有说不出的苦，由于这个地方的蚕桑都是出售给附近的几个城市使用，少部分出口国外，每年的销量比较有限，原本的10个农户每年都能够盈利几十万，可是当越来越多的农户加入进来后，虽然总的销量和收益得到了提高，但是市场根本没有办法扩充到更大，使得农户的收益都在下降。

从众思维往往和个人的心理因素有关，从众心理是个人不自信的行为表现，是个体依赖群体的一种常见心理表现，而这样的个人心理缺乏明确的自我定位，或者说缺乏自信。通常情况下，喜欢从众的人都缺乏安全感，对于自己的能力不够自信，他们担心自己的决策会出错，因此会依赖他人的决策做出决定。在多数时候，人们更愿意相信群体的判断，更愿意跟着群体行动，对他们而言，群体的成功率更高一些。

其实从众不仅会导致收益的平均分配，还有可能会因为盲目从众而直接导致群体性错误的出现，生活当中出现的很多盲从现象和错误的决策，都和从众思维有关。从通宵排队购买苹果手机，到星巴克咖啡店的猫爪杯畅销；从房地产投资的蜂拥而入，到互联网创业的火爆；从东北钢铁产业过剩，到山东苹果的严重滞销，这些都和从众思维有关。当一个项目有利可图的时候，很多人都会想办法参与到这个项目中去，而任何一个项目的市场和盈利空间都是有限的，一旦超过了这个限度，那么每一个新加入的参与者都会降低群体的平均收益，边际效益的递减会使得整个行业的投资吸引力不断下降。

借钱投资的负债思维

聊到房地产，必定绕不开几个名字：王健林、杨惠妍、王石、潘石屹、许家印。这些人都是国内房地产的大佬，拥有最出色的地产生意，而他们往往还有一个共同点，那就是欠债，而且基本上属于几千亿元到上万亿元不等。这是一些令人感到惊悚的数字，毕竟在多数人的印象中，他们既然贵为国内地产生意的领头羊，自然不缺钱，而且很多地产公司本身就拥有几千亿元、上万亿元的规模，这些地产商人本身也是国内顶级富豪圈中的代表，王健林和许家印更是曾经爬到国内首富的位置上，身家都是几千亿元级别的，这样的有钱人也会选择欠债和借款吗？

如果将投资者、创业者、商人的名单拉长，就会发现大多数有钱的投资者都会选择借钱做生意，他们的口袋里有现金，公司的财物报表也有出色的现金流，还能够在业务开拓上进行大量的融资，但即便如此，向银行借钱几乎成为他们一个共同的行为。其实在中国的传统思维中，存钱是一个最重要的生存模式，毕竟只有手里拥有充足的资金，才能做自己想做的事情，可是对于很多有钱人来说，即便自己手里有钱了，也仍旧喜欢借钱。

假设某个投资商积累了3000万元的身家，他决定将这些钱拿出来进行投资，而且看中了3个非常不错的项目，第1个项目他决定投入1500万元的资金，第2个项目决定投入1000万元的资金，第3个项目决定投入1000万元的资金。

按照一般人的理解和操作，肯定会考虑放弃一个投资项目，因为这3个项目的总投资额已经超出了自己的承受范围，根本拿不出这些钱，放弃第2个项目或者第3个项目才是明智之举。一些聪明人则不会这么做，他们情愿借钱来满足投资所需金额，因此必定会想办法从银行贷款500万元，这样就能够保证3个项目的投资正常进行。而对于那些真正从事投资行业的人来说，他们会直接从银行借钱1000万元甚至更多，这样就可以保证自己在投资3个项目之后，还能够留下一笔活动资金，这笔资金一方面可以用来应急，另一方面则能够作为其他新项目的活动备用金，一旦有新的项目出现，他们就可以用手头的资金进行投资。所以他们并不担心会欠债或者贷款，而是经常会利用贷款来进行投资。

为什么明明自己有钱，还要从银行贷款呢？听起来似乎有些不可思议，但是如果人们能够对这笔资金的用途以及所产生的价值进行分析，就会理解了其中的奥妙。向银行借钱需要支付一笔不菲的利息，尤其是借款达到千万元的级别时，利息更是高得惊人，但是对于那些投资者来说，相比于这些利息，通过投资获得的收益额往往会更高。假设从银行借款1000万元，利息达到了150万元，但是利用这1000万元的贷款，投资者可能会挣到2000万元。

这就是典型的负债思维，简单来说，负债思维就是借用他人的钱来盈利。常见的负债思维除了向银行借钱进行投资，还有就是贷款买房。很多人会不惜动用家里的全部财产买房，甚至承担起几十年的房贷利息。表面上看起来他们的生活一定很逼仄，而且明显是一笔亏损的买卖，可是对于那些提前买房的人来说，一旦房价上涨了几倍，那么这些负债就会变成高效的投资。

对于富人来说，他们通常会有更多的平台和机会进行投资，因此永远不会觉得自己手中的钱足够了，从别人那儿借钱可以帮助他们筹集更多的资金来进行投资，而这些投资的回报率足以用来支付利息。从整个社会的资本运作模式来看，货币或者钱只不过是一种资源，当资源集中在某人手中的时候，他就可以更合理地运用这些资源创造价值。从国家层面来说也是如此，美国是世界上最喜欢借钱的国家，从全世界借来的钱都已经高达百万亿元了，听上去很吓人，大家可能会觉得美国会因为这些债务而破产。但事实上并非如此，由于能够借到钱，美国可以自由地运用这些钱进行各种投资，可以用来打仗，可以用来加大科研力度，稳固自己一手打造的石油体系和美元体系。

在过去，借钱似乎是穷人才会做的事，类似地主豪绅之类的有钱人肯定会积极放贷，这是因为过去的金融体系基本上是金银本位货币体系，金银的数量是相对固定的，谁手里的金银数量更多，谁就拥有话语权，就可以对外放贷。可是在现代，人们并不关心钱是谁的，只在乎钱在谁手里，穷人将钱存在银行里，钱的所有权仍旧在穷人手中，而富人们则通过银行借贷来拥有这笔钱的使用权，他们可以自由支配这笔钱，用于财富增值。

此外，在现代的金融体系和货币体系下，货币可以通过系统任意创造，作为一种本身没有什么价值的货币，它们并不属于稀缺物品，国家和政府会不断印发钞票来稀释社会财富，这样一来，借钱的人由于伴身的债务不变，使得这些欠款本身也被稀释了。比如20世纪80年代初，如果欠款1万元，那就是一笔巨款，一些人可能好几年也挣不到这么多钱。到了2020年，这1万元的欠款根本就微不足道了，很多人只要半个月就能轻轻松松还掉这笔钱。就像还房贷一样，以前很多人都在担心自己每个月要还3000元的房贷，殊不知10年后，20年后，30 年后，3000元几乎可以忽略不计了，这就是很多人愿意欠债几年甚至几十年的原因。

负债思维是经济学思维的内容之一，它的本质就是以借贷的方式将资源集中在自己手上，然后想方设法进行合理支配，确保以最小的成本来实现效益的最大化。

不要成为最后的接盘侠

当一套房子从8000元一平方米，3年时间里上涨到了3万元一平方米，接下来人们是否还会继续进入房市购买房子呢？当股票连续一年都在飘红上涨，股民是否还会继续持有甚至跟进股票？多数人面对这样的问题，有时候甚至不需要做出什么判断，因为跟涨不跟跌似乎成了一条铁律。只要一个项目的发展处于上升的势头，只要有一个投资项目仍旧在创造价值，那么通常就会存在强大的吸引力。

但很多人都忽略了一点，那就是所有的投资项目最终都有一个限度，无论是处于上升的势头还是处于下降的势头，最终都会达到一个极限点，即这个投资的价值不可能无止境地增加，也不可能无止境地下跌，一旦到达了一个点上，就会向相反的方向运动。比如2008年以后，房价开始一路增值，在2016年前后更是达到了一个高峰值，但经历了2018年和2019年的淡化，很多地方的房价已经从高峰期适当回落了，类似于燕郊（环京地带）更是从巅峰期的4万元左右下跌到不足2万元。对于那些在2016年、2017年左右投资燕郊房产的人来说，基本上已经亏掉了首付。

在股票市场，这种起伏变化更是常见，每当人们疯狂地追涨时，很容易麻痹大意，最终面临股票的惨跌。历史上比较出名的几次股市大跌事件，其实都伴随着疯狂的投资行为，一些牛市甚至维持了长达几年的时间，使得大量股民坚信股价还会继续上涨，坚信自己的投资还是有利可图。当股票涨到8元的时候，他们会相信股票会上涨到9元，当股票上涨到9元的时候，还会有人坚信股票会继续涨到10元的水平上，只要及时出手，那么即便是10元的高价，仍旧可以将股票套在新的购买者身上。

无论是房产投资还是股市投资，基本上都处于一种奇怪的博弈状态，这种博弈在上升期会变得疯狂，大家都在纷纷抬高股价，并且试图将更高的风险转嫁给下一批购买者。或者更直接地说，这一类投资的关键并不在于价值是否足够高，而在于自己是否能够及时找到接盘侠，只有寻找到接盘者，才能够创造收益，一旦找不到接盘侠，那么自己将会成为最终的接盘侠。

有家互联网公司依靠一些不错的电商理念，吸引了大量投资者的关注，这家互联网公司很快被估值为5亿元。不久之后，创始人将公司以5.3亿元的价格出售给一家大的电商企业。经过一段时间的运营，这家互联网公司的概念被热炒到了9个亿，它再次以8.6亿元的价格出售。新的接盘者打算更进一步，将其打造成一个价值几十亿元的互联网品牌。可是随着互联网泡沫的破裂，越来越多的互联网企业失去了竞争力，并且直接被打回了原形，这家多次被转手的互联网公司也因为表现不佳而砸在了最后一个接盘者的手里，变得一文不值。

在很多领域内，资本的运转都处于击鼓传花的游戏状态，当鼓声停止的时候，花落在谁的手里，谁就会遭遇损失。不仅如此，资本本身在热炒状态下具有的欺骗性会导致很多人主动去接受这朵“花”，他们会抱着侥幸的心理来看待这个游戏，并且想方设法将其转移到下一个人的手中，从而转移风险，并且通过价格差来获得利益。接力的人越多，风险也就越大，这就是典型的博傻行为。简单来说，就是参与资本游戏的人往往会欣然接受来自他人的报价，然后想办法以更高的报价将相关的投资项目转移到下一个接替者身上，他们的表现看上去很傻，但实际上他们相信一定会有一个更傻的人出现，一定会有一个更傻的投资者愿意花高价继续购买自己的东西。博傻理论的本质是一种投机策略，任何一个投资人做出投机行为所依据的是能不能找到下一个接盘的傻瓜，只要找到了这个傻瓜，那么自己就会从傻瓜变成聪明人。

事实上，资本游戏本身就具有一定的狂热性，一盆兰花会在资本市场被炒到百万元的高价，一幅古人字画会被炒作成几亿元的艺术品，就连一张普通的钞票在资本炒作下也可以变成天价的产品。这一场场狂热的投机盛宴，投机者并不担心自己付出了多少成本，因为永远会有下一个出价更高的人出现，这种狂热性有时候不过是一个陷阱，陷阱的最终目的就是捕获那个更傻的人。

当一块普通的石头被炒作到原有价值的100倍时，炒作者并不担心这块石头会砸在自己的手中，他们会继续炒热行情，会继续造势，确保石头的价值会上涨，直到涨到原有价值的500倍时，持有者仍旧不会担心，因为他们还会寄希望于游戏圈中有人出价到原价值的1000倍甚至更多。而这块石头显然不可能永远增值下去，总有一天，总有一个价位会成为最高点，关键就在于谁刚好达到了这个最高点。这个游戏什么时候终止，而这一切往往都是人为的。当所有人都在狂热地寻找下一个接盘侠来创造利润时，往往没有想过，最终的那个接盘侠也许就是自己。事实上，如果所有人都在投机冒险，自己会有很大的可能自食其果。

财富倍增法则：让别人帮自己挣钱

兄弟两人的厨艺都非常精湛，各自打算开餐馆。大哥将自己存下来的40多万元在县城里租了个好店面，然后装修店面开始营业，他和妻子两个人掌勺，雇用了3个服务生。虽然店面不大，夫妻俩也有点忙碌，但是生意还算不错，每个月都有3万元左右的纯收益。经过10年时间的打拼，夫妻俩在县城里买了房子，还在市里买了一套房子，名下还有一辆轿车，日子过得还算不错。

弟弟也把存下来的钱拿来开店，但是他在隔壁县城做起了快餐，而且还聘用了3个厨艺非常精湛的厨师，分别经营湘菜、川菜和鲁菜。由于菜品丰富，快餐店的生意非常火爆，他很快就挣了100万元。这个时候，他并没有坚持绕着自己的小店转，而是将挣到的钱在城里扩展了两个店面，并且雇用了2个店长进行管理，招收了更多的厨师。10年之后，弟弟已经在本省的3个市区经营了20家快餐连锁店，在其他省份也有10家快餐店，身家丰厚，而且仅仅是快餐店的品牌就价值几个亿。

这两兄弟之所以会走上不同的人生道路，主要在于对资源的利用。大哥更加相信自己，因此依靠自己来挣钱，但本质上仍旧是为自己打工的状态，收益不可能太高，毕竟个人的能力和时间、精力等资源都是有限的，有限的资源所能产生的效益自然也是有限的。而弟弟则没有将创业局限在自己一个人身上，而是扩大人力资源，让更多的人为自己挣钱，无论是聘用厨师，还是开连锁店，都在最大限度地借助其他的优质人力资源来帮自己积累财富，因此他更有机会成长为成功的商人。

在商业运作和资本投资中，往往需要掌握一些财富倍增法则，而财富倍增法则最重要的一条就是尽可能调动更多的人力资源为自己创造财富，简单来说就是让其他人为自己挣钱。那些成功的商人，他们不仅拥有出色的管理团队和精英团队，还有一大批优秀的员工，在这么多人的帮助下，成功自然会变得更加简单。这是一道非常简单的数学题，假设某人每年最多可以挣到50万元，那么他雇用3个人做自己手头的工作，虽然工作量会增加，但收益可能会达到100万元~120万元（考虑到不可能每一个雇员都会像他一样出色），扣除每个雇员的10万元工资和成本消耗后，这个人所挣的依然要比自己单干时更多。

雇用更多的人挣钱，并不是简单的数字相加。1个人可以挣50万元，2个人可以挣80万元，3个人可能会挣到120万元，但是当更多的人出现时，创造财富的速度会加快，而且往往会成倍增加。这里涉及配合的问题，当更多的人集中在一起时，就会在劳动力、智力、技术、时间、性格上形成互补，这种互补会提高资源的利用率，从而确保效益的增加。

全球知名投资家罗伯特·清崎，与朋友莱希特一起写了一本畅销书《富爸爸财务自由之路》。在书中，他提到了不同收入群体的4个象限，分别是雇员、自由职业者、企业所有人、投资者。这4个象限代表了不同的收入群体，任何人都可以在这4个象限中找到属于自己的位置。

在罗伯特·清崎看来，雇员和自由职业者的经济收入往往是最低的，因为他们只是单纯地为他人或者为自己工作，没有想过让其他人为自己工作，这些人的思维局限在拿自己的时间和健康换财富的初级阶段，还没有形成更加高明的经济学思维。而企业所有人和投资者则善于借助他人的力量为自己挣钱，他们可以花费更少的时间和精力挣到更多的钱，是一群可以真正实现财富自由的人。

自然而然，90%以上的人都属于雇员和自由职业者，他们没有属于自己的人生目标，对生活和工作都缺乏强有力的支配，很多时候处于被支配的状态，原因是个人的力量往往太过渺小，个人的资源局限太过明显。一个拥有成熟经济学思维的人，应该打破自身的局限，不要将“奋斗者”的概念局限在“我要努力为自己工作”的层次上，而应该让自己成为一个“雇用更多优质人才努力为自己工作”的奋斗者。一个员工的月薪可能只有6000元，但拥有几百名员工的企业家，月收入可以达到千万元级别，这样的人才是高收入的奋斗者。同样，许多人会想办法自主创业，但是有经济头脑的人会想到投资，相比自主创业，投资的选择性更强，自己只要有充足的资金，完全可以在不同领域、不同行业、不同企业、不同项目上进行投资，这种投资基本上是最大化地利用了其他公司的资源。股神巴菲特积累了几百亿美元的身家，靠的就是挖掘并投资了那些有潜力、有价值的公司，通过投资，他挣到了比大多数企业家都要多的钱。

不过，并不是所有依赖他人的行为都会产生大量财富，企业家如果无法打造一个高效团队，那么所有的人集合在一起就会产生负面影响，大家会因为相互阻碍而无法产生预期的效果，甚至会出现亏损。所以在利用他人的能力和资源时，一定要选择优质的人力资源和项目，这样才能真正发挥出财富增值的效果。

了解和把握经济行为的外部性

在日常生活和工作中，人们常常会发现一个现象：当自己做某一件事的时候，尽管并没有针对某个特定的第三方，可是最终的行为结果却对第三方的利益产生了影响。这种现象在经济学中被称为外部性，外部性又被称为溢出效应、外部影响或外部效应，在经济学思维中有时候直接被称为外部经济。简单来说，就是当一个人或一群人做出决策或采取行动时，会对另外一个人或者其他一群人产生影响，导致他们的利益受损或者增加。在经济学中，外部性是一个重要概念，也是一个基本的经济学原理，经济外部性就是指个人或者企业的经济活动，对其他人和社会产生的影响。其中，对他人和社会产生的正面影响就被称为正外部性，对他人和社会产生消极的影响，就被称为负外部性。

最明显的例子就是企业在生产的过程中，往往会制造出大量的污染，类似水污染、大气污染、光污染，这些都会给社会带来负面影响，政府不得不花费更多的钱来治理污染，社会大众会因为这些污染而健康出问题，并且要花钱治病和保养身体，对整个社会来说，资源的浪费和减少，将会对整个社会产生消极影响。可以说，工厂在生产过程中制造的污染物质就是一种负外部性，会对外界产生负面的影响。

而教育机构所做的社会教育工作就是一种正外部性，教育工作不仅仅是机构内部的事情，还会对整个社会产生良性的影响，更多的人接受教育，并且利用自己所受到的教育去服务于社会大众，去建设一个更加强大的社会体系。也就是说，教育机构不仅负责生产知识，生产知识分子，还对整个社会产生积极的影响。又比如有的人喜欢吃臭豆腐，可是吃臭豆腐的时候，可能会让周边的人产生反感，这个时候，吃臭豆腐的行为就是一种负外部性。

在很多时候，正负外部性都会在同一件事情上出现。比如有一批炒房者进入某地房市大批量买房，此举使得当地原本6000元一平方米的房价快速上涨到1.5万元一平方米。房价的保障给当地有房子的人创造了更多的财富，他们的房子在短时间内增值不少，很多拆迁户甚至一夜暴富，炒房者的行为对他们而言属于一种正外部性。可是对于当地的一些刚需的人来说，此前就觉得房价偏高的他们，在房价暴涨之后更是失去了购房的能力，很多人原本准备好的买房全款，无奈变成了首付，而更多的人则连首付也支付不起，这个时候，炒房行为对刚需的人产生的影响属于负外部性。

对于人们来说，在综合自身实力进行资源配置的时候，往往需要考虑外部性，这种考虑分为两个部分：第一个部分是看看自己会不会受到其他人或者其他企业的影响；第二个部分是看看自己会不会影响到其他人或者其他企业。

比如企业污染的问题，其根源在于很多企业总是将自身的经济利益摆在首位，如果一个企业每年都能够挣到1个亿，那么就会觉得这是一家成功企业，会觉得某企业家是一个非常成功的企业家，实际上企业家忽略了企业发展对外界环境的影响，忽略了它对社会的影响。当企业的发展以损耗社会资源、破坏社会生态环境为代价时，这样的企业往往缺乏社会责任感，他们没有将社会效益作为衡量企业成功与否的标准，即便短时间内获得了不错的经济效益，却没有在自身发展和社会发展之间形成一个良性的平衡。对社会影响不佳，企业形象崩塌，直接会影响企业未来的发展。

著名企业家牛根生曾经说过："企业家的社会责任既是必需的，也是个人的道德完善。财富向最能够增值的地方流动，这是经济学铁的定律。一个企业家掌控的财富越多，说明社会对他的信任越大，与他相关的人也就越多，他的所作所为也就越举足轻重，他是大家按市场法则共同选举的委托人，不承担社会责任行吗？越是这样的人，越需要进行个人道德完善。一方面是让更多的人从他释放的能量中受益，另一方面这也是他赢得更大的社会信任所需要支付的成本，也就是说，这是一个社会公益与个人品牌的共生过程。"不承担社会责任、不注重社会效益的企业，往往会遭遇发展的危机。

外部性的出现往往和个人、企业不用承担行为的全部代价或者享受行动的全部收益有关，如果改变这些前提条件，那么就可以有效抑制负外部性的影响。比如在谈到企业污染的问题时，企业自身可以出台相应的治污管理条例，或者不具备强大的治污技术的话，就需要通过政府立法进行监督，征收排污税，或者制定严格的排放标准，任何排放超标行为都会遭到惩罚。对于其他一些不那么严重的外部效应，则可以通过私底下的协商来解决。

对于一些正外部性，一般都是进行鼓励和引导，甚至将这种正外部性当成一种投资。比如一个养花者，在某城市的郊区承包了300亩的土地种植花卉，当花开的时候，就给整个郊区增添了不少光彩，加上这个养花人从来不收取任何观赏费用，很多人慕名前来赏花和旅游，也带动了地方经济。这种正外部性直接提升了养花人的知名度和花卉种植基地的知名度，为花卉的销量打开了市场。在这里，正外部性就成了企业提高盈利的一个基础，也是一个重要的投资，因此企业需要更好地保护这种正外部性不被破坏掉。

除关注自身发展过程中的外部性问题之外，企业在发展中需要重点关注其他企业给自己带来的积极影响，简单来说，就是考虑其他企业的外部性。比如2019年之前，中国半导体公司基本上很少和韩国企业做生意，因为韩国企业一般会从日本进口半导体产品，毕竟日本的半导体产品无论数量还是质量都处于世界领先地位。可是在2019年，一些中国半导体公司开始扩大规模，加大产能，原因就在于韩国和日本发生了贸易大战，日本封锁了韩国的半导体进口业务，以至于整个韩国科技圈都爆发了严重的危机。为了避免被日本完全“掐死”，韩国企业纷纷转向中国，从中国半导体公司购买半导体产品。而那些关注时事发展，并且提前做好提升产能准备的中国半导体公司，真正迎来了一个盈利的最佳机会。

作为资源配置下的一个额外影响，外部性能够影响个人行为和企业行为的持续性，对于产生负外部性的行为来说，如果找不到合理的解决方案，就会对自身的发展产生消极影响。而对于那些正外部性的行为来说，则要进一步保持和强化，为自身的发展营造一个更好的外部环境。对于企业或者个人而言，把握好外部性，本身就是对个人与社会的一种协调，就是资源配置下的一种均衡。

第三章

销售需要一种更成熟的经济学思维

为什么价格上涨后，产品卖得更好？（凡勃仑效应）

在北京和上海、广州等大城市，有很多年轻人喜欢购买奢侈品，并且形成了一股不良的风气。比如同样是球鞋，一双质量和设计最上乘的国产球鞋可能只能卖到1000元左右的价格，普通的球鞋只有200元、300元左右，而对于耐克这样的品牌来说，随随便便一双普通的球鞋就可以卖到1000多的高价，很多球鞋都被卖到了几万元甚至几十万元的天价。一个手提包，成本价只有几十元或上百元，但是贴上了名牌标签之后，就被卖到了几万元的高价，而且大家还争着抢着购买。

对于价格昂贵的东西，很多人似乎有一种天生的迷恋，在欧洲那些顶级的奢侈品专柜中，往往是最昂贵的限量版产品卖得最好，前几年风靡全球且横扫全球奢侈品市场的中国大妈们，更是诠释了什么才是“不买对的，只买贵的”“你们店里什么最贵”“你们店里有什么限量版产品”“还有没有更贵的”，这些几乎成为那些奢侈品买家的口头禅。

有人曾经做过一个实验，将3个一模一样的产品放在不同的包装盒里出售，其中金色包装盒中的产品标价1.3万元，银色包装盒中的产品标价5000元，白色包装盒中的产品标价2000元，人们可以随意观察和体验不同包装盒中的产品，然后决定购买哪一种。结果多数人都购买了金色包装盒中的产品，至于原因，大家也说不出来，他们既不能分辨哪个包装盒中的产品更好，也不能分辨这些产品是否物有所值，但多数人都会认定那些最贵的产品一定也是最好的，而且用起来也最有面子。

当产品的性能差不多的时候，或者说人们不清楚产品的性能时，人们对于价格的追求会高于产品本身。同样是一套西服，有钱人会购买10万元一套的顶级西服，而不是一套几百元的普通西服，哪怕这两套西服的功能并没有太大的差别。“只买贵的”这一现象，本质上是一种凡勃仑现象，这一现象的本质就是财富炫耀，当人们拥有一定的财富时，往往会想办法通过一些大额度的消费来证明自己的财富实力，这种炫耀的方式有助于提升人们的满足感。比如某品牌的汽车标价500万元，买车时还要加价100多万元才能取到车，但是在用于出行方面，可能一辆60万元的车也能达到相应的保障。对于那些经济条件很好的富人来说，他们大概会花费600多万元购买那些最昂贵的豪车，而不是选择花60万元购买一般的汽车。坐600万元车子的人显然与坐60万元车子的人在身份、地位上存在很大的差异，外界对于他们的看法也肯定会不一样。

在凡勃仑效应下，人们容易产生“只买贵的，不买对的”的消费理念，物品的价值开始失去部分吸引力，价格反而成为一种更为重要的衡量标准。或者说人们并不真正关心物品的性能，一些更加浅显的东西，只要能够衬托出他们的身份、地位、权力和财富，能够满足他们的虚荣心，那么就值得购买。

这个效应所对应的是一种主观价值评估模式，人们认定某种产品的价值很高，那么这种产品的价值就高，而昂贵的东西刚好给他们带来了这种主观体验。许多人将这种高价格当成某一物品的形象分，当物品的形象分越高时，人们的心理估价就越高，对物品的印象也就越好。这种形象分就像人们依据外表印象对某个人做出判断一样，通常都非常肤浅，基本上就是虚荣心在作祟。拥有这些物品的人通常有比较强烈的炫富心理，他们渴望通过一些最简单明了的方式告知其他人，“我很有钱”或者“我的地位很高”。

凡勃仑效应在生活中还是比较常见的，毕竟随着经济水平的提高，人们对于价格的关注度从以往的“质量可能会更好，体验可能会更好”，上升到了“感觉起来会更好”的层面上，心理上的满足（尤其是虚荣心的满足）比单纯的产品享受更让人心动。也正是因为如此，凡勃仑效应很容易被商家利用，商家会抓住人们的这种消费心理，将提升价格当成促销的一种方式，而不是降价。

比如一瓶非常普通的水，可以卖到2元钱。如果将瓶子设计成比较流行的款式，那么这瓶水可以卖到5元钱。在水瓶上贴上一个名牌标签，水就会卖到10元一瓶，这个时候仍旧有很多人会购买贴有名牌的水。有人接下来将大小两个瓶子捆绑在一起，名曰“母子水瓶”，这样的套装组合可以卖到20元。商家如果对瓶口进行设计，并且在瓶底设置一块磁性材料，这样的一瓶水就能够卖到50元。如果将这种带有磁性的水瓶进行细分，分成普通版、精装版、豪华版，那么豪华版的可以卖到150元的价格。由于很多富人倾向于购买一些昂贵的物品，将价格定到更高的水准上，反而有助于产品的销售。即便只是打广告说，“这是正宗的山泉”，一瓶水也有可能会卖到十几元。

很多产品的价格都是与实际的使用价值不相符的，原因就在于消费者可能本身就在追求这种高价格的体验，所以商家自然愿意在价格上多做文章。不过凡勃仑效应并非完全脱轨，它在发生作用的时候基本上也控制在一定的范畴内，并且遵循一些基本规律。一个质量低劣的手提包是不可能卖到几万元高价的，一个没有品牌影响力的汽车也不可能动辄以几十万元的价格忽悠顾客。在正常情况下，任何高价产品都会拿出一定的产品优势来制造噱头，而不是随随便便就开出高价。

巧妙运用锚点价格

某酒店标间里住宿一天的价格为300元，但很多人都觉得贵，大家都不愿意花那么多钱去这家酒店住宿，因此酒店的生意一直不太好。酒店的老总决定对住宿价格进行调整，希望260元的价格能吸引顾客，但是被新上任的酒店经理给否决了，他并不认为这样的价格昂贵。考虑到酒店在住宿方面投入的巨大成本，考虑到优雅的酒店环境和精美的房间装修，那些标间绝对值300元一天。但老总担心继续维持高价会导致生意一直惨淡下去，经理给出了一个新的方案，那就是酒店继续维持300元一天的标间价格，但同时推出钟点房服务，顾客可以随时进入酒店休息，而价格为每小时70元。

当酒店推出钟点房之后，那些标价为300元的标间生意越来越好，很多人提前两个月就预订了房间，而钟点房的生意一直不景气。对此，经理进行了解释，他从一开始就没有寄希望于钟点房，也不觉得钟点房服务会有人接受，毕竟70元一个小时的服务费还是太高了，推出这种钟点房的意义在于让顾客在购买酒店服务的时候进行对比，300元一天的价格与70元一个小时的价格，显然前者更具吸引力，性价比也更高一些。

这种巧妙地设置对比的营销方式在日常生活中非常普遍，比如去服装店购买衣服时，那些聪明的销售员总是会将同样看起来很贵，但是质量和款式差距比较明显的两件衣服放在一起进行对比。其中一件款式新颖、质量上乘的衣服标价为1000元，顾客可能会觉得很贵，如果这件衣服的旁边放着一件标价为600元，但是款式老土、质量一般的衣服，那么顾客就会在心里进行对比，觉得这么差的一件衣服都要600元，那么第一件标价为1000元的衣服感觉似乎就不那么贵了。一个销售员为了成功将自己手里价值500元一瓶的香水卖出去，可能会推出一款报价高达1000元的香水，这样消费者在经过对比之后，就可能更多地倾向于选择500元的那一款香水。星巴克咖啡之所以能够卖出高价，很大一个原因在于他们在橱窗里摆放了几瓶标价为十几元一瓶的矿泉水。

当消费者觉得价格有些偏高时，通常会进行对比，选择那些看起来更加实惠、性价比更高的产品，这种对比会让他们很快做出选择，而不是继续计较心仪产品的价格是否过高。对于销售员来说，设置这样的对比是一种非常有效的销售方式。设定一个有对比性的产品以及价格的行为就被称为价格锚点，价格锚点可以通过设置一项或者多项对比价格来动摇消费者对产品价格最初印象的评估。有人对它的作用进行总结，认为价格锚点的设置就是通过一个更为不合理的报价，促使人们接受原本那个不合理的价格。

事实上，在日常生活中，有很多产品的价格都是远远超过其使用价值的，这种对比可以在同类产品中进行，也可以在不同的产品中进行。就像人们在单纯面对某一产品时，肯定会觉得一瓶矿泉水卖2元偏贵，会觉得一包烟凭什么卖到几十元、上百元的价格，一件衣服为什么可以卖几百元，可是如果将所有的物品联系在一起，人们就会通过对比价格来做出判断。比如在2019年，各地牛肉和羊肉的价格上涨，但是有很多人还是会购买牛肉和羊肉，原因就在于全国各地暴发了严重的猪瘟，这场疫情一度将猪肉的价格推升到40元一斤的高价上，牛肉和羊肉的价格上涨幅度与猪肉的相比，显然不值一提。

在面对产品的时候，人们可能会有自己的一个评估标准，“这件产品是否真的值这么多钱”，但这种评估不可能纯粹地依靠自己的主观判断，客观的参照物必不可少，而个人的经验也会起到非常重要的作用。就像一个人从未听过或者吃过鱼子酱，如果他去餐厅点了一份顶级鱼子酱，那么可能就会因为这上万元的价格而感到不可思议，他之前一定觉得鱼子非常普通，最多不会超过10元。由于没有相关的经验和合理的参照物，用餐的人一定会觉得自己被坑了。同样，一个常年种地为生的农民，可能也不会理解为什么LV的包会卖到十几万元的天价。这种情况下，拿香奈儿或者迪奥之类的产品作对比的话，根本不可能产生什么效果。依据个人的生活经验，人们往往可以进行更为合理的对比，或者说这种对比才有可能产生应有的引导效果。对于销售员来说，必须准确把握顾客的生活方式和经济地位，以此来判断对方的生活经验是否可以接受自己的营销内容和营销方式。

需要注意的是，价格锚点的表现方式并不一样，通常情况下，销售员为了卖出产品A，就会设置一个产品B来进行对比，从而刺激消费者做出购买产品A的决定。但有的时候，销售员本意是为了刺激产品A的销量，但无意中设置了一个更加畅销的产品B。比如在奢侈品行业中就可能会出现这样的情况，某公司推出了一款黄金镶嵌的手机，手机的外壳包含了大量的黄金，但这款手机的销量一直不好，为了刺激销量，商家推出了一款镶嵌钻石的手机，而且价格要比黄金手机贵一倍，结果黄金手机的销量变得更加惨淡，反而是钻石手机卖得非常火爆。虽然看上去像是一种反作用，但是这种反作用本身也是一种对比后的结果，性质基本上没有发生任何的改变。

配套效应下的生意经

有一个奢侈品店准备出售一款带有金扣子和黄金挂饰的衣服，但是在销售的过程中，店员并没有直接介绍这款衣服，而是拿出了普通款，不过店员表示可以免费赠送给顾客一个黄金饰品，要么是一颗金扣子，要么是一个金色的小别针，要么是一个黄金小饰品，如果有必要的话，店家还可以免费用金线为顾客在衣服上缝制一个简单的商标。当顾客决定获得这个赠品之后，就会突然发现这个黄金饰品在普通款的衣服上显得有点突兀，除非进行配套，所以当他获得一颗免费的金扣子后，决定多花一笔钱购买所有的金扣子。之后他又觉得弄一个金色的品牌标志肯定会更加有档次，于是又花钱定制了金线缝制的商标，还顺带购买了一个黄金挂饰。

一个免费的金扣子，就直接引导顾客付钱购买了其他的黄金饰品，不得不佩服这位店员的营销技巧。如果人们仔细观察，就会发现生活中类似的“套路”数不胜数。买车的时候，很多销售商会免费提供一个真皮座椅，或者免费提供最好的液晶显示屏，这样做的目的很简单，就是要打造一个失衡的局面，通过一些更高档的附赠品，让原有的相对廉价和平衡的风格被破坏，消费者在这个时候往往会产生提升其他配置来配套这个高档附赠品的想法，从而打造一个更高级的平衡局面。

这就是非常有名的配套效应，这个效应的核心理念就是利用一个新事物来打乱原有的平衡，然后引导他人围绕着这个新事物建立起新的平衡。在生活中，配套效应几乎无处不在。一个人出门购买衣服，当他看中一件1500元的西服时，可能就会想办法换掉身上50元的那条裤子，购买一条500元的裤子来搭配西服，还会买一双800元的皮鞋进行搭配。当一个人做生意挣到钱时，可能会买豪车，当拥有豪车时，他可能会更加在意该如何凸显身份。因此，他会购买奢侈品，会娶一个美丽的妻子，会从事一些慈善活动，这所有的一切都是为了匹配自己买豪车时带来的自我宣传效应。

在销售活动中，配套效应会成为一种有效的促销方式，销售员会通过设置一定的优惠政策，引导消费者接受那些新事物或者更高价值的东西，然后以此为契机，确保顾客对新的配套产生兴趣。如果一个销售员打算向顾客推荐自己的鱼缸以及相应的装饰品，那么他完全可以送给顾客一条很好看的金鱼，或者以低价将金鱼卖给对方。接下来，也许用不着他来强调鱼缸多么好看，用不着强调多购买一些装饰品的好处，只需要强调这条鱼多好看就行。然后，顾客可能会特意为这条好看的金鱼搭配一个不错的鱼缸（这是不可缺少的）；当拥有一个好鱼缸时，就需要往鱼缸里放一些很好的装饰品，石头、假树枝，甚至是灯光和供氧设备；为了更好地置放鱼缸，可能还需要一个专门的架子。

如果继续延伸的话，鱼缸将会带来更多的需求，比如这个人从来没有养鱼的习惯，当发现自己有了金鱼、鱼缸之后，还需要购置其他的产品来进行搭配，确保家里不会因为突然多出来一个鱼缸而显得突兀。他可能会喜欢上种植花草，可能会尝试着养几只宠物猫或者宠物狗，可能会主动将放置鱼缸的地方进行适当装修，确保环境与鱼缸保持平衡。

配套效应往往具有很强的引导性和误导性，会造成资源的浪费，人们会因为一时冲动而购买一些原本并不需要的东西。一个普通的白领，可能会因为一双价值几千元的鞋子而产生全身大改造的想法，最终购买一套几千元的衣服来搭配那双鞋子。一个装修新房的人，可能会因为一条免费赠送的昂贵毛毯，而换掉廉价的窗帘、桌子、椅子、沙发以及家电。在日常生活中，很多消费者都会因为某一个新事物而彻底打破原有的消费习惯和消费理念，这种变化有时未必都是好事，它们经常会增加一些不必要的浪费，增加不必要的经济负担。

18世纪著名的法国哲学家狄德罗一直都是一个比较朴素的人，有一次，一位好友送给他一件昂贵的酒红色睡袍，狄德罗非常喜欢这件睡袍，每晚睡觉时都会穿上它。某个晚上，当他兴致勃勃地穿着睡袍在房间里走动时，他突然意识到房间里的东西和自己身上的睡袍很不相符，那些家具和装饰实在太老旧了。此前从未注意到这些的狄德罗一下子就产生了更换家具的想法。第二天，他花了一大笔钱购买了高档家具，回家后，他的心里舒服了许多。可是没过几天，他又发现家里的地毯、窗帘、桌布、身上的衣服与家具都不太相称，于是又花了一大笔钱购置了新的物件。可是当他几乎将整个家庭装饰全部换一遍之后，才意识到自己花了太多的钱，自己熟悉的家庭环境也完全变样了，他非常懊悔，因为这些新购置的东西原本都是自己不需要的，就因为一件睡袍，自己浪费了那么多的钱。

对于销售员而言，配套效应是一个促销利器，但是对于消费者来说，配套效应会成为增加经济负担的罪魁祸首。想要避免被配套效应误导，在面对销售员的诱惑时，消费者需要保持坚定的态度，要对自身的消费习惯、消费理念、消费水平有一个清醒的认识，只有这样才能跳出配套效应制造的销售陷阱。

关联销售会带来更大的效益

在超市中，人们经常会看到货架上的商品都是按照分类进行摆放的，酒水类的会放在一起，油盐酱醋往往会放在一起，香皂、沐浴露、面巾、牙刷和牙膏会放在一起，这种摆放和分类有助于消费者更好地分辨和购买相关的产品。除此之外，对商品进行分类摆放有助于刺激相互关联的商品的销量。

比如某个人准备去购买香皂，当他看到旁边还有沐浴露、洗发膏以及牙刷时，可能会提醒自己“过一段时间，牙刷和沐浴露也要购买了，既然来超市了，不如这一次直接买回家”。某个人准备购买蚝油的时候，看见了旁边的番茄酱或者鸡精，可能也会产生“多买一点调料品”的想法，甚至会主动尝试购买一些此前从未用过的调料品。很显然，当关联性比较强的商品摆放在一起时，就会引导消费者产生新的购买需求。

不过，一些没有严格按照分类要求摆放的物品同样会产生类似的效果，比如在美国的沃尔玛超市中，人们会发现超市喜欢将尿不湿与啤酒摆放一起。酒水类的饮品与婴儿用品放在一起看起来非常不合理，甚至有些不伦不类，但超市的管理者坚持这样做，原因很简单，一般购买婴儿用品的都是孩子的父亲，母亲通常负责在家带孩子，还要做一些基本的家务，而孩子的父亲在下班时可以顺带从超市带一些婴儿用品回家。当孩子的父亲忙碌了一天，匆匆到超市时，如果见到尿不湿旁边的啤酒，往往会产生想饮酒的冲动，这个时候新的消费需求就突然产生了，所以他们可能会在购买尿不湿的时候，买一两罐啤酒回家享受一下。事实上，正是因为让尿不湿和啤酒形成奇特的组合，超市的啤酒销量一直都非常不错。

很多聪明的销售员和商家对于消费者的多种需求都有一个清晰的认知，他们了解消费者的一些习惯，因此会将两种或者多种具有一定关联性的产品放在一起，以迎合并激发出消费者的多种消费需求。只要消费者购买其中一种商品，就可能会因为看到其他产品而激发出消费的需求。就像购买尿不湿的男人一样，他们一开始可能是为了完成购买任务才进入超市的，并没有想要喝啤酒，可是当他们见到啤酒时，可能就会激发出想要饮酒的兴趣和欲望。这是一种非常巧妙的需求捆绑，属于交叉销售，或者说是关联销售，也可以称之为潜在需求的激发和挖掘，它在销售活动中的作用非常隐晦，但是不可忽视。

销售人员在出售商品时，只需要找到相互关联的产品，将它们放在一起即可。建立产品关联性的方式有很多种，比如同类产品可以放在一起，满足个人不同需求的产品可以放在一起，一些补充类的产品也可以放在一起。这样的产品组合有很多，一些商家会在辣椒酱和火锅底料旁摆放凉茶，原因就在于辣椒吃多了容易上火，而凉茶是有效的降火饮品。一些卖铅笔刀的商家还会在旁边摆放碘酒和纱布，原因就在于父母在购买铅笔刀的时候会担心孩子的手受伤，所以买一些碘酒和纱布作为防备。

在销售中，挖掘消费者的需求，刺激消费者的潜在需求，这是提高销量的重要保障，而交叉销售法正好拥有这样的功效，这是一种非常高效的经济学思维，可以确保资源（销售）的效益最大化。比如一个人平时的消费需求有很多种，但每一天人们都会更关注那些重要的需求，而常常忽略以及隐藏那些次要的需求。当这些次要的需求潜藏起来之后，销售员想要逐一宣传、引导和刺激这些不同的需求，无疑会增加成本，不可能针对消费者的每一项日常消费行为进行广告宣传和营销，而交叉销售只需要将相互关联的产品摆放在一起，就有可能引导消费者掏钱包购买这些相关联的产品。

富有经济学思维的销售员，会巧妙地激发顾客的需求和能动性，而不用花费更大的力气去宣传自己的产品，这就是对宣传资源和销售成本的节约，销售员可以一次性卖出其他的产品，这样就节省了更多的销售时间，创造了更多的收益。而那些不懂交叉销售的销售员，可能需要更长的时间来等待消费者购买那些潜在需求的产品，因为在一般情况下，消费者往往会等到需求迫不及待的时候，才会购买，而销售时间越长，销售员付出的成本就越大，资源消耗也就越大。正因为如此，很多有经验的销售员会对附近的消费者进行调查和分析，找出他们的消费规律，找出他们各种消费行为之间的关联性，并挖掘其潜在的各种需求。

需要注意的是，交叉销售或者关联销售容易与捆绑销售混淆，虽然交叉销售的最终目的是向消费者推销能够满足其潜在需求的商品，但捆绑销售更多的是将两个产品强制性地一同销售，这与交叉销售存在本质上的不同。在交叉销售中，男人下班回家购买尿不湿的时候，有权利选择不买酒喝，而捆绑销售则意味着男人在购买尿不湿的时候，必须顺带购买啤酒，否则交易取消，他没有第二种选择的权利。

总而言之，交叉销售更多的是调动了消费者购买产品的积极性，而通过关联产品来带动潜在需求和消费，无疑会提高销售的效率。

为什么同样的产品，999元的价格比1000元的价格更具吸引力？

如果在商场里留心观察，人们就会发现一个现象，那就是很多产品的标价都是以“9”这个数字来结尾的，而且通常都是以“99”“199”“999”“1999”“9999”的形式出现的，比如一条裤子，明明可以直接标价为100元，店家非要标明是99元；一台电视机可以卖2000元的价格，却非要写成1999元；一套家具可以卖到1万元，商家却喜欢标成9999元的价位。蔬菜、大米、水果、酱油、香皂、清洁剂之类的生活用品的标价也经常会用“9”来结尾。

为什么明明可以凑成一个更大的整数，非要刻意制造一个零头出来？这里涉及一个销售套路，那就是尾数定价策略，这是一种专门针对消费者追求廉价心理而准备的策略。从消费心理学的角度来说，每个消费者在消费的时候都会有一个价格区间，这也是心理账户（简单来说就是愿意在某个物品或者某件事上花多少钱）的一种表现形式。可以说多数人在购物的时候都会有一个主观上的评估，或者会为物品设定一个价格意向区间，比如一台电冰箱的价格意向区间为1000元～2000元，一台立式空调的价格意向区间是6000元～7000元，一辆轿车的价格意向区间为10万元～11万元，不同的商品都会有一个大致的价格区间，而且这样的区间基本上都是从“0”到“9”的形态。

只要产品的价格还在这个区间内，那么消费者就更容易接受，反过来说，只要价格突破了这个区间，可能就会打乱消费者心理账户的分配，通常不太愿意给自己增加不必要的经济负担。尾数定价策略正好迎合了人们对于物品价格所定的意向区间，可以更好地引导人们接受开出来的报价，而这种报价以“9”来结尾的话，既能够确保销售一方的效益更大化，也能够保证不会突破消费者的心理界限。

假设一个家用电器标价为1000元，可能购买这个电器的人很少，因为在他们看来，这个电器已经突破了千元大关，属于千元产品的范畴了，对他们来说，随便一个电器就要突破1000元，会是一笔大的开销。但如果将价格定为999元，那么消费者往往会产生一种想法“这是一个千元以内的产品”，或者说会觉得“这个电器还不到1000元”。许多人也许会问，为什么一件产品标价为999元与标价为1000元都缺乏市场？一个重要的原因在于这个产品是否真的迎合了大多数人的心理账户，许多产品本身的价格都有一个常规价格区间，就像一瓶普通的矿泉水，人们只能接受1～3元的报价区间，如果这瓶矿泉水标价为4.9元，那么和直接标价为5元并没有什么区别，因为在多数人的消费习惯和消费理念中，一瓶超过3元的矿泉水是不值得购买的，这瓶水已经大大超出了消费者的心理账户。所以当人们觉得标价为999元的家用电器同样缺乏吸引力的时候，有一个很重要的原因可能是这个电器本身的价格适合定位在400元～499元之间，或者在500元～599元之间，这是社会大众能够接受的一个报价。

销售员需要针对市场做一个详细的调查，了解多数人的消费习惯，准确把握消费者的心理账户和消费范围。当消费者拥有一个以千元为界限的心理账户时，那么“一个产品在千元以上”与“一个产品在千元以内”，给消费者带来的心理冲击是不一样的。这个时候，销售员需要考虑到自身的利润需求与消费者的心理需求。因此，选择999元的标价是最能体现这种平衡思想的方法，尽管999与1000元只差了1元，但是产生的销售结果可能截然不同。一方面，销售员可以在保证销量的前提下获得最大的收益，另一方面，也可以保证不会让消费者产生“这已经超出了自己的心理账户”的担忧，只要不超过1000元这个临界点，那么消费者通常会觉得这样的报价还是可以接受的。

2015年，北京某地的房价很快就上涨到了每平方米5万元以上，当时一家房地产公司将标价提升到了50100元，这样的价格比其他很多公司的标价都已经低了100元左右。不过这样的价格推出之后，很多购房者都在观望，还没有下定决心购买。眼看销售即将陷入停滞状态，售楼部的经理提出了自己的看法，直接将50100元的标价改成了4.99万元，等于说从原价上降低了200元，结果房子在短短2个月的时间内就卖掉了一半。因为大家都知道，在北京的这片区域普遍进入了每平方米5万元以上的高房价时代，还有一家房地产公司仍旧停留在每平方米4万元的房价区间，虽然这家公司的标价距离5万元只差了100元，但就是这100元给了购房者更多的满足感。

尾数定价策略的本质并不是真正在价格上给予很大的优惠，而是让消费者意识到产品的价格在一个更低的区间和层次上，消费者往往会产生“这个东西还算便宜”的想法。一些商家非常善于利用尾数定价策略，他们不仅仅习惯了降低价格区间，而且还会主动设置一些小数点，比如香皂可以开价3元，却主动标价为2.99元；一斤大米可以标价为2元，却显示是1.99元。小数点的设置一方面可以将产品的价格定位成低区间的价格，另一方面还能够明确无误地告诉消费者“我们卖出去的产品都是明码标价的，连小数点也给出来了，绝对不会胡乱开一个高价”。此举可以有效增强消费者的信任感，可以强化产品的定位优势和价格优势。

为什么一些让人厌恶的广告反复播放后会深入人心？

提起美国拳王梅威瑟，很多人都会不自觉地联想到一些词：拜金主义、无脑炫富、不败拳王、梅跑跑。很多人都会将梅威瑟列入最讨厌的那一类人当中，一方面是因为他喜欢炫富，而且常常是没底线的炫富，另一方面则是他有着超强的吸金能力，毕竟一场拳击比赛就能给他带来几亿美元的收入，这完全是一台行走的印钞机。可是如果将梅威瑟所有的行动以及表现综合起来分析，就会发现他是一个很有商业头脑的拳王，他隔三岔五的炫富行为本身就是一个活广告，有助于提升他个人的知名度，这样他的商业价值以及赛事的出场费将会得到最大化的提升。

梅威瑟是一位出色的销售员，他销售的产品就是个人的品牌，尽管这种销售方式有些让人难以理解，但是从本质上来说可以起到非常好的效果，这种频繁的炫富行为就是一种典型的病毒式营销。病毒式营销在生活中很常见，虽然很多人都表示很讨厌这种狂轰滥炸的广告，但不得不说，这种广告往往可以最大限度地吸引消费者的注意力。最近几年比较成功的一个病毒式营销方案就来自史玉柱一手打造的脑白金。可能很多人都对那一句“今年过节不收礼，收礼只收脑白金”非常熟悉，从几岁的孩子到八九十岁的老奶奶，往往都会随口说出这么一句广告词，而这就得益于脑白金超强的广告播放频率。很多人都发现，在观看电视剧的时候，几乎一集电视剧会被切分成好几段，而每一次的广告时间，脑白金的“洗脑广告词”就会迅速蹦出来，而且经常是三次连续循环播放，让所有人都恨不得立即换台。但正是因为这种不怎么令人舒服的冲击，反而使得观众都记住了脑白金，脑白金自然而然成了那些年极为火爆的礼品。

对于脑白金的广告策略，史玉柱一直都深谙其道，在谈到脑白金被大众嘲讽和讨厌时，他显得非常大度，而且非常坦诚地提出了自己的看法：“不管消费者喜不喜欢这个广告，你首先要做到的是给人留下深刻的印象。能记住好的广告当然最好，但是当我们没有这个能力时，我们就让观众记住坏的广告。观众观看时会很讨厌这个广告，买的时候却不见得，消费者站在柜台前，面对那么多的保健品，他们的选择基本上是下意识的，就是那些他们印象深刻的。”许多人将史玉柱称为“病毒式营销大师”也不是没有道理的，至少其他很多大厂商就很少具备这样的营销魄力，也没有这样的经济学思维。

很多时候，人们只想着卖技术，只想着如何展示自己作品中吸引人的地方，但事实上，很多优秀的产品并没有在市场上赢得相应的认同，它们甚至毫无名气。原因就在于销售商仍旧停留在低层次的销售理念上，他们不知道产品营销中还包括很多重要的元素，比如情感营销，比如注意力营销。脑白金的销售模式就成功抓住了这两点，无论消费者是喜欢还是讨厌，都表明他们在销售中投入了情感，这会增加他们对产品的印象，而反反复复的广告播报本身就是一种吸引消费者注意力的强制性手段。

事实上，最近几年市场上比较火爆的产品，往往不一定是性能最好的，但一定是热点很高的，许多出色的商家和营销者都认同这样一个观点：商家需要创造一种能够制造热点话题的产品。这个产品通常都需要调动起人们的情感，需要引爆话题性，从而在市场上赢得一席之地。无论是被骂得最凶的产品，还是让人爱得发狂的产品，无疑都制造了足够的话题性，无疑都在消费人们的情感。

病毒式营销是一种看起来很拙劣但是效果很好的策略，也是经济学思维的一种体现，很多时候在人们觉得应该为观众和消费者呈现出最好的营销效果时，反其道而行也是不错的尝试。病毒式营销比较简单粗暴，主要依靠广告播放的频率、电话销售、电视购物、广告传单、重复性的邮件发送，这些都是典型的病毒式营销。在这些高密度的广告攻击下，其他公司的很多广告很容易被淹没在广告攻击的洪流中，而人们在讨厌之余反而加深了对产品的印象。

很多房地产公司或者家具公司会在当地所有的出租车上打广告，并且垄断了城市内部大部分公交站的广告牌，然后在电视上轮流播放广告。这种铺天盖地且反反复复的广告模式，有时候商家并不追求广告的质量，并不追求精致的输出，目的只有一个，就是尽量侵占潜在消费者的信息输入渠道。就像电视购物总是会吸引老年人的关注一样，老年人在电脑和智能手机的网络信息接收方面几乎可以忽略不计，此时电视会成为最常见的广告输出的载体，当商家在电视上连续不断地播放广告时，老年人很难不受到影响。

在信息爆炸的时代，信息的碎片化也变得越来越严重，自然而然，人们的信息接受能力也会呈现出分散化的特点。在这种情况下，商家想要抓住人们的眼球并不容易，各种出其不意的营销策略也许能够起到相应的作用，但是单一的重复性的信息输出无疑是提高信息传递效率的重要保障，至少人们会在反反复复的信息冲击下对其留下深刻的印象。

销售的关键在于赢得顾客的承诺

有个瓜农每次卖瓜时，都会强调自己的西瓜可以随便吃、随便拿，顾客完全可以将西瓜免费拿回家吃，如果觉得西瓜如同宣传的那样甜，那么就可以在1～2天之后把钱送过来。如果觉得西瓜不够甜，那么就可以免费享用这个西瓜，不过需要打一个电话给瓜农进行解释。在瓜农制定这样的规定后，许多人都嘲笑瓜农傻，这样很有可能会将所有的西瓜免费送给顾客吃掉，毕竟要是顾客都不愿意承认自己购买的西瓜是甜的，那么瓜农就会失去所有的收入，即便只有一半人撒谎，瓜农也会面临亏损。

但事实上，瓜农的生意好得出奇，一车西瓜每次用不了半天就会卖完，而顾客在拿走西瓜后也都会及时把钱送过来。相反，其他卖西瓜的同行常常半天连一个西瓜也卖不出去。那么为什么这个瓜农的生意会那么好？

在讨论和解释这个问题的答案时，可以先了解一下另外一个案例。有家公司每一次于新产品上市时，都会举办一次促销活动，为了更好地推销新产品，店长会主动给每一个老顾客打电话，将这个消息告知对方，然后诚心邀请对方到时来店里光顾一下。店长会先特意询问对方："您那一天有空吗？”如果对方回答有空，那么店长就会进一步发出邀请：“我希望您到时能来店里看看，不知道您有没有兴趣？我们会为老客户专门留下参加活动的位置。”许多老客户碍于情面都会答应前来看看，也许当时只是漫不经心的一句敷衍，可是到了活动的那一天，差不多有一半的老客户都应约前来了。

在这两个案例中，其实都有一个非常关键的因素，那就是来自顾客的承诺。承诺或许是整个交易中最重要的元素，也是人们最看重的社交和经济活动元素，它同样属于稀缺资源，当人们付出了这样的资源，自然会想办法让其创造更大的价值。如果仔细进行分析，就会发现无论是瓜农还是店长，都善于让顾客做出承诺。比如瓜农并不着急宣传自己的西瓜好不好，也没有将重点放在这上面，而是巧妙地先将西瓜免费送给顾客吃，让顾客去做出是否应该给钱、是否值得给钱的决定，这看起来非常公平和人性化，但是从顾客拿走西瓜的那一刻起，他就已经为自己的购买行为和支付行为做出了一种承诺，即“我希望得到这个西瓜”，因此无论西瓜最后是不是真的甜，是否真的让自己满意，他大概都会掏钱购买。店长的策略也是如此，他并不确定老客户一定会来参加新品上市的活动，而且知道对方有很大的可能不会来。不过他发出邀请且进行询问，就是为了让对方做出一个口头承诺，只要对方答应来参加活动，那么无论这个承诺是临时敷衍的，还是真心实意的，最终都会带来积极的结果——老客户都不想违背承诺。

这种关于运用承诺资源的做法就是承诺一致原理，它是一种非常有效的心理策略，也是一种比较高明的经济学思维。承诺一致原理简单来说，就是当一个人对自己的行为做出口头承诺、书面承诺时，就会在接下来的行动中践行这个承诺，或者确保自己的行动方式、行动目标与之前的行动相一致，只有这样，他们才会感觉到踏实。这一原则的本质在于，人们常常为了保持一个更好的个人形象，而努力维持前后一致的行为，毕竟谁也不希望去承担违背承诺的后果，都不希望滥用承诺这样的稀缺资源。

而对于销售一方来说，承诺是一种高效的销售资源，它可以帮助销售人员更好地说动顾客，引导顾客做出消费行为。需要注意的是，通过实践承诺来完成的购买行为，有时候是出自顾客的本意，有时候则带有一点被迫的意味，而无论是哪一种，都可以保证顾客掏钱买产品。

在商品经济高度发展的今天，可供人们选择的产品越来越多，如果单纯地将所有的选择权都交到顾客手上，那么任何一家商店和厂家都不能保证顾客一定会选择他们的产品，因为商品信息的冲击太大太频繁，任何一个商家都有可能被淹没在信息流中，任何一个产品都有可能会被忽略和无视。重要的是，并不是所有的消费者和顾客都具有强大的辨别能力，能够对产品进行分辨，能够在不接受任何引导的前提下做出正确的购买选择。必要的引导会给商家带来更大的成功率，而想办法引导顾客做出或轻或重的承诺，无疑都会产生积极的结果。

多数时候，商家并不需要顾客明确做出“我会购买该产品”的承诺，让顾客试穿衣服，让顾客体验服务，让顾客做出“我会来店里看看”的承诺，同样会带来好的连锁反应。从心理学的角度来说，承诺本身就是一个心理渐进的过程，它会快速激发人们大脑内的程序，而一旦这个程序被激活，人们接下来的行动就会按照流程走，尽管这些流程可能并非自己的本意，甚至自己也会对此产生抗拒，可是承诺被激活之后，整个流程就已经启动了，人们不愿意背负违约的痛苦，不愿意陷入不道德的心理纠纷，就会不断引导和强迫自己做出“正确的选择”。在这个时候，一个小小的承诺也会带来行动上的改变，因为小承诺会撬动大承诺，而大承诺会引发践行承诺的行为。从经济学的角度来说，既然顾客投入了承诺这种资源，就不会让它白白浪费掉，必定会希望它有所收获，从某种意义上来说，承诺本身比购买产品带来的体验更重要。

如何引导顾客掏钱购买更贵的产品？

几个销售员准备推销公司最新推出的几款酒，第一款酒价值300元，第二款酒价值1000元，第三款酒价值2000元。对于销售员来说，他们都渴望将最贵的酒卖出去，因为酒卖得越贵，自己获得的收益和提成也就越高。

第一个销售员在介绍酒的时候，重点强调了酒水的口感，介绍说公司推出的这几款酒都是目前市面上最火爆的养生酒，平时喝一点具有良好的保健效果。一些喜欢喝酒的人买了这些酒，不仅可以得到饮酒的乐趣，还对身体有益。

第二个销售员则重点强调不同的酒具有的功效不同，品起来的味道也不一样，对于喜欢喝酒的人来说，可以购买那些最贵的酒尝尝，它们绝对能带来最佳的口感和享受。在与朋友一同聚餐的时候，喝点保健酒往往更加健康。

第三个销售员则看重不同层次的酒所具备的不同功能，他对三款不同的酒进行了分析：第一款酒的价格不算高，平时喜欢喝酒的人可以买一点尝尝，还能养生；第二款酒就贵一点，适合逢年过节的时候拿出来和亲朋好友一同分享，不仅好喝，而且也上档次；第三款酒在价格上比较高，最适合用来送礼，是送领导或者送重要客户的不错选择。

结果三个人在推销了一天之后，第一个销售员只卖出了6瓶最低档次的酒，第二个销售员卖出了3瓶最低档次的酒，2瓶价值1000元的酒，还有1瓶价值2000元的酒。而第三个销售员，卖出了2瓶价值300元的酒，5瓶价值1000元的酒，以及4瓶最高档次的酒。

为什么同样是推销酒，第三个销售员卖出了更多的酒，而且卖出了更多昂贵的酒？他是依靠什么来说服顾客购买那些昂贵的酒的呢？想要了解这些问题，可以先从另外一个例子入手。

有个人最近摔坏了自己的眼镜，他去眼镜店配镜片时，得知镜片的价格高达500元，有些心疼，于是改去其他店里配了一对价值150元的镜片。几天之后，他想要购买一双耐克球鞋，一开始相中了一双价值1200元的球鞋，可是得知耐克有一双新球鞋上市时，他最终花了1500元购买了这双新鞋。

人们可能会对这个人的消费行为感到诧异，为什么一对价值500元的镜片会觉得贵，而一双1500元的球鞋却毫不犹豫就入手呢？原因就在于不同的产品所产生的需求不同，消费者所设定的心理账户也不同。对于这个男生来说，一双新球鞋的魅力非常大，因此他在球鞋方面设定的心理账户可能是1200元~1600元，只要球鞋的价格没有超过这个账户，那么就不会对自己的经济生活造成困扰。而眼镜只要能用就行，高档不高档的并没有什么关系，他设定的心理账户是100元~150元，任何超出这一账户的产品都会给他带来烦恼和压力。

心理账户的存在很好地解释了为什么第三个销售员会成功。和另外两个同事相比，第三个销售员很好地把握住了顾客的心理账户，对于平时饮用的酒来说，根本不用太好，因此只要购买最实惠的就行。而那些想着逢年过节与亲朋好友聚会的人，自然希望酒的档次可以高一些，但也不用太高，因此1000元左右的酒符合了他们的心理价位。至于2000元一瓶的酒，买来自己喝的话有些浪费和奢侈，它的使用价值也必须对得起自己的身价，因此最适合用来送礼，这样的礼品往往需要体现出高档次，而一般人在送礼时的心理账户能够达到2000元甚至更高。

很多优秀的销售员具有这种经济学思维，他们能够准确区分和挖掘不同客户的心理账户，以及同一个客户身上设定的不同心理账户，知道什么层次和收入的人适合购买什么价位的产品，知道什么价位的产品适合用来做什么，知道什么价位的产品处于什么类型的心理账户中，以及这个心理账户的区间。当销售员打算出售更贵的产品时，就会主动将产品与对方高层次需求下的心理账户对应起来。比如有个父亲打算为18岁的孩子购买手机，卖手机的人可以将1000元的普通手机推销给对方，也可以将6000元的高端机推销给对方，但想要让对方接受6000元的手机，就需要相应地抓住对方关于6000元手机用途的那个心理账户。例如，强调将手机作为孩子18岁的生日礼物或者成人礼物，强调将手机用来作为孩子考上重点大学的奖励，那么在父亲关于送孩子成人礼物的心理账户中，一部价值6000元的手机是值得入手的。如果销售员只是强调为孩子买个手机，方便以后通话交流，那么父亲可能只会选择1000元或者2000元的手机。

这是一个销售技巧，而支撑这个技巧的一些基本因素在于，首先，销售员应该了解产品的基本功能，尤其是在不同场景中应该发挥的基本功能，这些基本功能就是所谓的价值。虽然都是酒，但一瓶自己喝的酒与一瓶送礼的酒，价值是完全不一样的，价格自然也不一样。了解了酒的不同价值，就能够对应地把握消费者不同的心理账户。

其次，销售员应该对消费者的基本经济情况有所了解，对消费者的性格与消费习惯有一定的认识，要知道消费层次通常都是由其经济水平和经济地位决定的。一个月收入只有2000元的人，是很难被说服购买一个价值1万元的名牌包，他可能也不存在类似的心理账户，或者说在买包的心理账户中最高只有500元的使用金额。

最后，销售员需要把握住消费者的消费动机，即消费者准备做什么以及为什么要这么做，然后通过这个动机来帮助消费者调整心理账户。比如有个工薪家庭准备送子女进入好的学校上学，父母可能就需要在该学校附近买房。按照父母的想法，全家愿意拿出40万元的首付款在离学校比较远的地方购买一套价值120万元的房子；而售房员在了解情况后，可能会说服孩子的父母多花10万元的首付款，在学校附近购买一套面积更小但是总价为155万元的学区房，原因很简单，学区房不仅方便孩子上学，而且未来的增值空间非常大。最后父母被说服了，同意多支付10万元的首付款，购买一套学区房。

对于销售员来说，想要卖出更贵的产品，不一定非要总是强调产品的性能优势，有时候主动把握消费者的心理账户，并运用这些心理账户进行销售，反而会取得更好的效果，这也是比较实用和高效的经济学思维方式。

第四章

不同的思维方式决定不同的前景

让自己变成不可替代的稀缺资源

员工A与员工B同一时间进入公司，工作了5年之后，两个人都觉得在公司里继续待下去没有什么前途可言。首先，两个人的工资相比于同一时期毕业的同学，几乎完全处于下风。其次，两个人工作多年，职位根本没有获得提升，公司里的领导似乎也不重视他们。正因为如此，两个人都决定离职了。

可令人意外的是，员工A在提交辞职信之后，部门里的领导立即批准了他的辞职，根本没有做任何的挽留。而员工B在提交辞呈后，部门里的领导立即打电话给公司的老总，然后老总直接带着部门里大大小小的领导登门拜访，希望员工B可以继续留在公司，而且许诺下个月给员工B增加50%的工资，同时提拔他为技术部门的技术指导。

为什么员工A和员工B在辞职时获得的待遇会有如此大的反差？原因就在于员工A在这5年的工作时间里并没有为公司做出多少贡献，也没有什么独特的技能，并没有成为公司里不可或缺的人才，可以说即便没有他的存在，也会有大量的候补人员补上来。但是员工B不同，虽然这几年公司冷落了他，但通过几年的发展和锻炼，他已经成为公司里的技术骨干，在工作上具有不可替代性。所以当公司得知他要走人的时候，老总立即意识到自己之前的管理工作不到位，于是亲自出面挽留他。

从经济学的角度来看，员工A与员工B的待遇差距在于两个人自身的价值。很显然，公司本身是追求盈利的，对于那些能够创造更大价值的人才，公司肯定会优先挽留，而价值小的往往会选择忽视。如果从经济学思维的角度来分析，那么就可以看作是对资源的利用，其中员工A因为价值不大，且拥有很强的被替代空间，所以资源的价值不大。而员工B能力突出，在公司里是不可替代的资源，一旦离开公司，也就意味着公司会失去竞争优势，因此他是整个公司里的稀缺资源。而把握并利用好稀缺资源是每一个企业最重要的工作。

在职场中，每一个人都应该获得成长，这种成长的关键就在于让自己变成公司里不可或缺的稀缺资源，一个人的能力高低有时候并不是决定自身待遇的关键，重要的是自己是不是会被替代，自己的身后是否存在大量的替代者。在华为公司内，有很多出色的工程师和技术研发员，他们中的一批人每隔一段时间就有可能会被公司淘汰，但是当这些人进入普通的公司后，往往会成为香饽饽，许多公司会开出高薪聘用。为什么华为公司会放弃这些人，而他们又是如何成为其他公司的座上宾呢？一个很重要的原因就在于他们自身携带的资源属性。当这些员工在华为时，实际上面临着巨大的竞争压力，很多人和他们都是同样出色的人才，甚至比他们还要出色，这个时候他们就会因为自己是并非不可替代资源而被压缩价值。可是到了其他小一点的公司，他们的技术优势就在团队中凸显出来了，成为团队中的核心成员，变得不可或缺，这个时候，他们就从原来的“并非不可替代资源”变成了“不可替代资源”。

“宁为鸡头，不为凤尾”有一定的道理，置身于一个更能凸显自身价值的环境中，无疑能够获得更多的发展机会，因此完全可以用经济学思维来指导自己的生活和工作。职场中的生存往往离不开一个要素——竞争。竞争是职场中最基本的要素，脱离了竞争，所有的行业都会混乱，然后很快走向灭亡，或者说可能根本就不会成立。而在竞争中，最重要的就是拥有属于自己的核心优势，做到“人无我有，人有我优”，这就要求人们要找准自己的定位，找到自己的定位有时候要比自己的能力更加重要，聪明人知道不一定要让自己变成职场上最重要的组成部分，也不一定要变成绝对的核心力量。

有家服装加工厂准备招聘一批员工，其中有很多部门的待遇都还不错，设计师的年薪更是普遍达到了30万元，销售员如果拉到业务的话，也会有几十万的年薪，即便是成为办公室的行政工作者，也有机会升职加薪。当其他应聘者都想办法成为设计师或者销售员时，王先生却主动应聘了一个冷门职位，成为这家公司的机器维修员。王先生在大学期间学习过机械制造和模具设计的课程，之后虽然在一家公司担任金牌销售员，可是机械方面的技术功底还在。

许多人都觉得王先生的工作经验丰富，可以去其他公司担任技术研究员，或者在这家服装加工厂从事销售工作，或者挑战一下人事部门的工作也不错。可是在王先生看来，销售工作的门槛最低，压力最大，同时竞争也最激烈，而技术研发出身的他几年没有接触机械，已经无法同那些机械专业刚毕业的学生竞争了，选择机械维修的话，不仅工作强度低，还能够最大限度地体现出自己的价值。

事实也证明了王先生的看法，在之后的几年时间里，厂里的销售、设计师换了一批又一批，人事调动也非常频繁，只有他最稳定，工资也在逐年增加，五险一金以及年终奖都非常丰厚。在整个厂里，他是最不可或缺的少数几个员工之一，因为一旦机械损坏或者出了故障，拿到外面去修或者返回原厂修理，都是一笔很大的开销，而王先生能够为厂里省下一大笔钱。

职场的选择往往可以体现出一个人的经济学理念，可以体现出一个人的生存智慧，在大家都在追求更高、更强、更优秀时，也许转换一下思维会变得更好一些，毕竟不可能所有人都会成为最优秀的人，一个人也不可能永远站在顶点上，有时候让自己在某个领域内变成最大的需求，变成不可替代的资源，这些才是更加重要的。

通常变成不可替代资源具有几个因素，比如人们可以需要选择一个有需求却是冷门的专业或者项目，这种领域内一般都缺乏足够的竞争，个人很容易站稳脚跟。也可以在一个产业链或者流程当中选择一个不容易被人重视但是不可或缺的环节，当自己成为环节的掌控者时，所有流程和环节上的人都会对自己形成依赖，寻找替代者的成本会不断增加。另外，人们需要运用心理战术，由于每个人都在想办法往上面爬，当自己拥有在高层次生存下去的能力时候，可以适当退一步，在稍微低的层次上做出选择，这样就可以保证自己的生存优势最大化。

计算好隐性成本，正确估算自己的得失

众所周知，在企业运作中，通常会产生显性成本和隐性成本。显性成本是指企业在购买相关生产要素时的实际支出，像购买材料、员工工资、广告支出都属于显性成本。隐性成本指企业损失使用自身资源（不包括现金）机会的成本，一般认为是企业自己所拥有的且被用于该企业生产过程中的生产要素的总价格，它隐藏于企业的总成本之中，但是游离于财务审计监督之外。比如由于管理者判断失误而造成的成本增加，管理不到位导致工作效率低下，厂房和设备的折旧费，以及企业主的工资，这些都是隐性成本。隐性成本其实不是真正的成本，因为成本是一种对外的支出，一个企业家创立企业之后，需要给员工发工资，这些工资就是成本。但是企业家给自己开的工资属于隐性成本，在自己的土地上建厂，给自己支付地租也属于隐性成本，而整个过程并不涉及所有权的转移问题（钱还是属于自己的），听上去是成本，其实这种工资以及地租也可以算作是一种收益。

比如一个企业家创立了公司，由于经营管理不到位，一年到头的营业额只有280万元，而各种人工开支、产品材料费、水电费、资源消耗造成的成本以及税收就有260万元。从最终的收益来看，似乎还有20万元的盈

利，但事实上，企业家自己的工资并没有算进去，要知道他即便不创业，在其他公司担任厂长，一年至少也有30万元的工资。所以，如果考虑到这30万元的隐性成本，那么企业家在一整年的经营中并没有挣到钱，甚至还有所亏损。

对于个人来说，生活和工作中同样存在着各种各样的显性成本和隐性成本，其中显性成本容易被人关注到，而隐性成本则经常被人忽视。其实同企业经营管理一样，隐性成本的估算同样非常重要，可以有效指导人们的行动。比如最常见的就是离职和跳槽，许多人在跳槽之前往往只看重两家公司所给工资和福利的比对，却忽略了一些因跳槽带来的隐性成本。要知道换一份工作，跳槽者可能需要花费更多的时间找房子，可能需要再次搬家，需要重新适应新的工作环境和人际圈，需要花费大量的时间赢得新老板对自己的信任，以及需要时间来获得晋升的机会（至少想要爬到理想的位置上可能需要一段时间），这些隐性成本不能简简单单就被忽略掉。

比如在北京，很多人都害怕跳槽，原因在于一旦跳槽，那么就有可能不得不寻找新房子，尤其是房子距离新工作地点太远的话，就不可避免地要更换房子。而在北京找房子无疑是一个大问题，换房子的人需要反复比较前后两个房子的大小、价格、周边环境等诸多要素。假如这个人的原公司在朝阳区，工资为2.5万元一个月，房租是每个月8000元，到工作地点需要半个小时的车程，而想要跳槽的公司在丰台区，工资大概是3万元一个月，但是距离如今的居住点有2个小时的车程，上下班太不方便了，消耗在路上的时间有很多，而且房租同样不便宜。那么两相对比之下，在路上消耗掉的隐性成本其实需要进行重点考量。

除跳槽之外，新人在进入职场时，往往会对不同的就业方向、公司以及岗位进行抉择，而这些抉择同样需要考虑到隐性成本。比如某人相中了两家公司，第一家是电气公司，与自己的大学专业非常符合，因此在工作中遇到的难题会少一些，虽然工资大约是6000元一个月，但是工作压力可能会小很多，自己可发挥的空间更大。第二家是外贸公司，每个月的工资基本都在8000元以上，但是自己对相关专业比较陌生。那么这两个工作应该如何进行抉择呢？对于多数人来说，可能会直接将工资当成主要的评判标准，但拥有经济学思维的人会看重隐性成本。

外贸公司的工资虽然高，可是不确定因素很多，风险也比较大，他可能因为无法适应这份工作或者无法满足其基本的业务要求，直接被公司开除；他可能私底下需要花费大量的时间学习相关知识，提升业务能力；可能老板不像现在的领导那样开明，自己甚至都无法赢得老板基本的信任；此外，他当前所在的公司运转良好，而这家外贸公司是否同样具有良好的发展前景呢？在就业之前，他需要针对不同的情况进行深入分析，综合一些隐性成本来做出最适合自己的决定。

在就业中，机会成本或许是最常见的一种隐性成本，在评估是否应该接受当前的工作时，需要想一想自己如果做其他的工作，最高会获得什么收益，这些收益就属于接受当前这份工作的机会成本。比如某人找到了一份月薪5000元的工作，可是经过分析，他发现如果进入姐夫的工厂上班，一个月工资也有6500元，而且晋升的机会更大。那么在当前可供选择的工作中，这份月薪5000元的工作绝对不适合自己，因为机会成本太大了。

一个聪明的人想要在职场上生存，往往会追求效益的最大化，这种效益最大化并不一定就是工资最高、奖金最高，也不一定就是职位晋升的空间最大。一些不那么明显的因素往往会影响一个人的表现，导致人们做出一些不那么正确的决策，隐性成本就是其中一个因素。只有把握好隐性成本，将其纳入自己的分析和评估模型中，才能让自己的选择变得更加科学合理。

加班为什么不能让你成为最有价值的员工？

许多新人进入公司之后，会选择通过加班来提升自己的价值。在他们看来，只要多加班，就能够为公司创造更多的利润，然后增强存在感。但是从经济学思维来分析，加班并不会让员工变成最有价值的那一类人。

为什么会这样呢？想要了解这一点，需要先明确几个概念，首先就是时间成本的比较优势。一些有经验的老员工或者核心骨干，往往会被要求做最重要的工作，他们没有时间去做那些低价值的工作，自然而然，那些边缘化或者价值不大的工作就落到了新员工的身上，这些工作一般不是很重要，所能够创造的价值也低。

从某种意义上来说，这就像是一种交易，公司将那些价值不高（相对而言）的任务交给新员工去做，这种分工合作的一个前提就是双方都能够创造超额价值（超过平常的价值）。这里的超额价值是什么？简单来说，就是公司将不重要的工作安排给新员工，对于公司和新员工来说，都会创造价值。

那么企业的超额价值从哪里获得呢？要知道员工创造的价值和公司支付的工资是相匹配的，而新员工的工资（公司的开支）是固定的，且基本上都是底薪，不可能再通过降低工资（降低公司成本）来创造超额价值。

那么有一个好办法就是让员工加班，而且是不要加班费的那种免费加班，这样就可以变相地降低公司成本。而对于员工来说，加班似乎也是一种生存的方式，毕竟自己初入职场，能力、经验、人脉、成绩都不够出色，想要赢得领导的认可，想要在公司立足，那么就需要通过免费加班来增强自己的存在感，给公司领导留下一个好印象，争取有限的晋升名额，这就是新员工所追求的超额价值。

但事实上，一天加班、两天加班没什么，长期加班的话，新员工本身是亏损的，大量的时间和精力付出，决定了这种分工合作是不合理的，员工如果长期处在免费加班的状态下，一定会对公司产生怨言。因此，让员工免费加班的这种低成本方式并不会真正产生超额价值，如果一家企业试图通过员工免费加班来降低成本的方式去提升竞争力，创造超额价值，恐怕会陷入困境，员工也会因为频繁加班而失去对企业的归属感和忠诚。

假设一家公司的研发部招聘了20名新员工，每一名员工的工资都是固定的3000元（员工的工作能力和业绩大概也只能匹配这份工资），为了实现超额效益，就需要让员工做出牺牲，比如将员工的工资降为2500元，但是此举无疑会违反劳动法，因为这家公司的最低工资就是3000元，所以让员工无条件接受加班成了最好的办法。新员工一开始可能会接受几天的加班，但是连续3个月都在加班，就会让他们对这份工作失去兴趣，不认为自己在这家公司里会有什么大好前途。这个时候，有一批人可能会离开，还有一批人可能会在加班的时候磨洋工，尽量出工不出力，甚至在正常的8小时工作时间内也会消极怠工。最终结果就是员工的工作效率不断下降，公司的用工成本不断增加，别说创造超额价值了，就连成本付出与获益可能也会进一步失衡。

对于公司而言，他们渴望员工能够创造超额价值，或者说渴望员工成为最有价值的那一批人，但实际上这种想法大多只是公司的一厢情愿。因为一旦公司准备最大化地榨取员工的价值，那么员工会相应地进行价值收缩，这是一种竞争关系，而不再是合作关系。

从某种意义上来说，通过增加工作时间来创造价值，属于一种规模经济，但是在工作中常常是有规模不经济的局面。因为每一个人的精力是有限的，一个人在4个小时内可以完成200件产品，可能在8小时内只能完成600～700件产品，而到了10个小时甚至12个小时的工作时间内，也许只能完成800～900件产品，原因就在于大量的时间和精力付出会降低效率，而效率才是真正能够带来收益和增加价值的东西。

假设员工甲每天只工作8个小时，但是每个月都会超额完成20%的任务量，并且每个月给公司创造4万元的价值。而员工乙虽然每天都在加班，但是也只超额完成了10%的任务量，只能给公司创造2万元的价值。那么相比之下，公司肯定会给予员工甲更多的发展机会，即便甲和乙创造的价值一样，甲也更具效率，成本消耗更低。

所以聪明的员工会重点打磨自己的技术，提升自己的能力和工作效率，争取在工作时间内完成更多的工作，而不是通过延长时间来达到这一目标。当工作效率得到提高之后，员工的超额价值就会体现出来。原本一个员工8个小时内只能完成700件产品，提高效率之后，已经能够完成800件产品了，这多出来的100件产品就是他的超额价值。对公司来说，100件产品会创造更大的利润；对员工来说，这是证明自己能力的最佳机会。

除通过打磨技术提高效率之外，公司还需要对员工进行合理的任务分配，即主动了解每一个员工的优势，然后按照这种优势进行岗位分配，这样就能够确保所有的员工都在最适合其能力发挥的岗位上工作。就像一个懂技术的员工，如果安排在销售岗位上，也许每个月会给公司创造5万元的收益，可是如果把他放在研发部门，也许每个月会为公司创造10万元的价值。而员工的超额价值就在于，他找到了更适合自己也更有机会获得晋升的平台。从另外一个角度来说，新员工相对于老员工而言，是没有多少竞争优势可言的，如果能够找到一个最大的优势领域，那么无疑会增加更多的胜算。比如老员工都是硬件设施方面的技术流，那么新员工可以重点突出自己的软件技术。当新员工拥有独一无二的优势或者拥有无可匹敌的优势时，他的价值就会成倍增加。

总而言之，只有在最合适的岗位上提高工作效率，员工才能证明自己的价值，才能成为最有价值的员工，自然也最容易获得公司的认可和重用。

比较优势：职场合作中的取舍

张先生与林先生都是附近的铁匠，张先生的技术非常高超，经验也很丰富，无论是打造一口铁锅，还是打造锄头与砍柴的刀具，质量都有很大的保证。林先生算是一位后起之秀，与张先生相比，在技术和经验上都有所欠缺。那么林先生在经营自己的打铁生意时，应该如何做出最合理的选择呢？双方各有什么优势？

想要弄清楚林先生的选择，首先就应该了解一个重要的经济学概念：比较优势。什么是比较优势？比较优势是指一个生产者以低于另一个生产者的机会成本生产一种产品的行为。比如，甲养牛的话，每年能够挣到1.2万元，而养鸡最多只能挣到8000元，养羊的话能挣到1万元，所以甲养牛的机会成本就是1万元，相比之下，甲养牛的优势比养其他动物更大。而乙养牛每年能挣到1.3万元，养鸡的话反而只能挣到9000元，养羊的话能挣到1.2万元，那么乙养牛的机会成本就是1.1万元。两个人进行对比的话，甲养牛的机会成本要更低一些，而养牛就成为甲的比较优势。

比较优势涉及了生活中的各个方面，无论是宏观层面，还是微观层面，都会涉及这个概念的应用，但是情况要比单纯的养牛选择更加复杂。比如为什么中国的制造业体系要比美国的更加完善？为什么富士康无法在美国顺利建厂？为什么苹果手机只有在中国设立加工厂和代工厂才具备强大的竞争力？为什么美国的鞋子、玩具、各种机械配件都要从中国购买？为什么美国无法进行稀土加工？

是不是因为美国的制造业真的缺乏竞争力，是不是美国的加工技术比不上中国？事实并不是如此，所有的这一切都是因为中国在制造和加工业方面具有很大的比较优势，美国人或者美国企业在制造业方面的机会成本太大了。一家美国公司可以设立苹果手机的代工厂，可以招收大量工人进行工作，但是这些工人做其他工作同样有不错的收入，甚至还要更好一些。因此，他们进入苹果公司加工产品的机会成本很大，而中国的工人进入苹果代工厂上班的机会成本要小很多，很多工人不具备太多的生存技能，这种加工工作能够确保他们价值的最大化。

又如中国的加工能力更强，营销能力也更强，那么中国难道要将加工业和营销全部承包吗？在一个讲究合作的全球化环境中，中国是不可能大包大揽的，任何一个国家都需要扮演好属于自己的角色，那么中国究竟要怎样去做呢？那就是比较哪一种优势更大。假设中国企业的制造加工能力比美国企业的高出5分，而营销能力比美国企业高出6分，那么中国企业应该将制造加工的业务让给美国同行来做，因为自己做销售获得的效益更大，这种合作方式才会确保效益最大化。

在微观层面上来说，个人在工作中的很多选择同样需要涉及比较优势。比如一个人在工作中可能擅长理财，同样也擅长营销，但他不可能一个人将公司里的两项业务全部一肩承担下来，这个时候他就需要进行对比，看看如何在理财和营销中进行取舍。比如这个人在理财方面的收益为7，在销售方面的收益为5，那么就需要将销售工作让给同事，即便他在这一领域的成就要高于对方。试想一下，如果这个人选择了销售工作，那就意味着需要放弃理财方面的收益，这样的机会成本太大了。相比之下，同事在理财方面的收益可能为3，销售方面的收益为4，无论做出怎样的选择，机会成本都是要低于那个人的。

重新回到开篇的那个例子，将张先生和林先生放在职场中来描述的话，那么对个人的工作选择绝对有重要的指导意义。假设张先生打造一口铁锅获利70元，打造刀具获利30元。而林先生对业务比较生疏，打造铁锅只能获利50元，打造刀具只能获利20元。那么最合理的做法就是双方密切合作，张先生专门负责打造铁锅，而林先生专门负责打造刀具，双方的每一次合作都会创收90（70+20）元。如果让张先生负责刀具，林先生负责铁锅，总收益为80（50+30）元。当张先生和林先生一同负责铁锅的时候，理论上可以创造120（70+50）元的收益，但实际上由于资源的有限利用以及职能的分配，两个人不可能被安排在同一个岗位上工作。假设每个月有一口铁锅的需求量，那么张先生打造铁锅的收益最高，一旦两个人抢占资源，将一部分资源分配给林先生，就会产生小于70元的收益。同样，当两个人一起打造刀具时，效益也不可观。要是两个人都同时经营两个项目，那么收益会少于各自分工时的90元。

所以对于职场上的工作者来说，在竞争的同时，还需要重点把握合作，这种竞争与合作主要抓住两个点：第一个就是保持自己的专业优势，尽可能选择效率更高、收益更高的项目，这样做可以最大限度地提高效益；第二点就是机会成本的对比，对整个公司来说，个人的专业优势未必是公司资源配置的优势，公司往往会针对个人多方面的表现，并且综合所有人的优势进行对比，最终选择一个最合理的资源组合。

巧妙运用注意力经济推销自己

在当今世界，信息非常重要，而有价值的信息其实有很多，只不过并不是所有重要的信息都在创造价值和效益，究其原因就在于很多信息并不具备注意力，它们没有引发他人关注的魅力。那么什么是注意力呢？注意力是指人们对一个主题、一个事件、一个项目、一种行为或者信息的关注，通常人们对某件事关注得越持久，就表明这件事情所引发的注意力越强大。正因为如此，诺贝尔奖获得者赫伯特·西蒙强调了这样一句话：“随着信息的发展，有价值的不是信息，而是注意力。”1994年，美国人迈克尔·戈德海伯直接提出了一个名词——“注意力经济”。

注意力经济其实是一个非常大众化的概念，比如很多企业都会给自己的公司和产品打广告，这些广告就是为了创造注意力经济，或者说对广告的运用就是一种典型的注意力经济思维。苹果公司创始人乔布斯在1984年，雇用了*ET*和《银翼杀手》的导演雷德利·斯科特，然后花费了90万美元创作了一则60秒的广告，广告直接将苹果公司的竞争对手IBM描绘成超级大坏蛋，而苹果公司则被描述成一个超级英雄。接下来，他又投入80万美元将广告投放在超级碗（橄榄球比赛）。这个广告很快吸引了美国观众的注意，苹果公司一下子就被人记住了，当年的销量也有了巨大的提高。

乔布斯是一个非常善于抓注意力的人，他在苹果公司新品发布会上的每一次表现都能让苹果公司成为全球媒体的宠儿。

注意力经济是一个经济学领域的词，但其实在工作中也被广泛运用。如果说企业运用注意力经济是为了吸引消费者、合作伙伴或者客户的关注，那么个人在工作中的注意力经济则侧重于自我展示和推销，目的是让自己在职场上更容易赢得领导的认同，并获得更多的发展机会。通常很多人秉持的人生哲学是“酒香不怕巷子深”，但在信息大爆炸的今天，如果不懂得主动推荐自己，那么香醇的酒恐怕就真的会被淹没在深巷之中，这在职场上非常重要。因为职场首先是一个充满竞争元素的场合，所有人都需要展示最好的自己来迎接挑战，指望所有的老板都变成伯乐是不现实的，为自己重点打造注意力经济，是最直接的一种方式。

那么身在职场上，究竟应该如何吸引更多人的关注呢?

首先，印象分要高。许多人非常看重第一印象，而且通常只停留在第一印象，尤其是老板，他们基本上不会花费更多的时间来观察一个员工，因此第一印象会成为一个很重要的判断依据。

比如某公司每一次有什么新项目时，老总就会安排所有的负责人提交一份方案，然后进行甄选。很多人都会将自认为最好的方案提交上去，而王先生每一次提交方案设计的时候，都会额外再提交一份好的备选方案，并提供相关方案设计的可行性分析报告。理所当然，王先生成为整个公司里老总最器重的人，因为老板觉得他是一个非常细心可靠的人。

其次，个人的表现方式要适当突破常规。在所有人都试图向老板证明自己，所有人都试图给出最佳表现的时候，老板是难以真正做出合理判断的，不可能所有的表现者都会受到重用，因为不可能所有人都能受到关注。因此，选择一些非常规的方式，或许可以为自己争取更多的机会。

比如何先生在一家服装设计公司担任设计师的职务，某一次公司准备召开会议，商谈新产品的设计和推介活动，很多设计师都参加了这一次会议，而且也都带着自己的设计理念与设计作品。何先生什么也没有带，直接穿上了自己设计的一款很潮的服装就参加了会议，结果他很快就在西装笔挺的众人之间脱颖而出，设计的衣服也最先引起了老板的关注。

再次，要重点抓住老板的需求，在任何时候，能够迎合老板需求的人，自然最容易被老板关注到。对于职员来说，如何察言观色，准确把握老板的心理需求，有时候比自己拥有出色的工作技能更重要。因为在很多时候，老板并不关心员工能做什么，而是员工能为他做什么。

比如某位投资大师准备招聘一位秘书，有很多人都给他发了邮件，希望能获得这份工作，大家都在邮件中大谈自己的能力以及出色的工作履历，但是有一个人这样写道："我知道您现在一定在为如何应付这么多的邮件而苦恼，所以您肯定希望有人能够帮忙搞定这一切。如果不嫌弃的话，我愿意帮您一一审核所有的邮件，确保您不会遗失掉那些出色的人才。"很显然，这位投资大师直接将这个人聘用为私人秘书了。

还有一点也很重要，那就是注意自己的表达方式，出色的表达方式往往也能有效提高关注度。比如说话时一定要简洁高效，尽早突出主题；巧妙地设置一些悬念，引发对方的好奇心，并且给人更多的想象空间；适当提问，引起老板的思考，确保进行更有效的互动。

不过，无论是哪一种形式，最终都是要依靠个人的能力与成绩来说话，这是一个基本保障。如果个人能力不行，无法拿出优秀的成绩说话，那么所有的操作可能都会被认为是一种作秀，这样反而会给对方留下不好的印象。

重点关注职场中的马太效应

胡先生与廖先生是同班同学，两个人同一年进入一家外企上班。在工作期间，胡先生一直都在努力工作，同时想办法认识有实力的领导，经过半年的人际关系经营，他成功获得了部门经理的关注，而廖先生能力不差，觉得自己应该依靠实力说话，因此工作时一直兢兢业业。2年之后，胡先生因为表现出众而得到了提拔，还被公司任命为一个新项目的负责人，而廖先生仍旧停留在原职位上没有变动。5年之后，原先的部门经理离开了公司，胡先生因为表现突出被提拔为新任部门经理，廖先生在公司的日子则越来越难熬，手上的资源越来越少，好不容易争取到的几个机会也都被其他人抢走了。眼看发展机会越来越少，廖先生最终只能遗憾地选择离开。

王先生是一家公司的普通职员，平时朝九晚五，和其他人一同为公司的业务出力，但是多年来始终得不到晋升的机会。2017年，由于整个行业不怎么景气，公司准备进行业务重组和内部的人员调整，还对员工奖金进行了调整。王先生原来每个月都有2次出差的机会，出差期间的工资会增加2倍，可是在业务调整时他失去了出差的机会，那些出差的补贴自然也就没有了。其次，王先生的年终奖被削减了20%，平时的全勤奖也没了。王先生原本想着公司运转困难，一时半会儿扣除部分奖金也情有可原，等公司度过了行业发展的低迷期，就会将钱补上来。可是王先生在一次与一些骨干员工交谈时，无意间听到了一件事，那就是公司骨干员工的平均工资上涨了15%，奖金也提升了10%。王先生听了有些生气，觉得公司在刻意剥削像自己一样的普通职员，于是直接选择离职。

在上面的两个案例中，许多人只看到了一些不公平的制度，只看到了公司对普通员工的忽视，却没有看到问题的本质，那就是职场中的马太效应。马太效应最简单来说，就是在一个资源分配体系中，那些表现好或者拥有更多资源的人，往往会获得更多的资源分配，而那些表现不佳或者拥有很少资源的人，只会获得更少的资源。这就解释了为什么在公司里表现得最好、工资最高、地位最高的那一批人会获得更多的发展机会和更高的工资，而那些普通职员会进一步失去发展机会，手里的资源也会一点一点被剥夺。

微软创始人比尔·盖茨曾经说过："我离开哈佛的时候，根本没有意识到这个世界是多么的不平等。人类在健康、财富和机遇上的不平等大得可怕，它们使得无数的人被迫生活在绝望之中。我在哈佛学到了很多经济学和政治学的新思想。我也了解了很多科学上的新进展。但是，人类最大的进步并不来自这些发现，而是来自那些有助于减少人类不平等的发现。不管通过何种手段，民主制度、健全的公共教育体系、高质量的医疗保健，还是广泛的经济机会，减少不平等始终是人类最大的成就。"比尔·盖茨一直致力于消除贫困，致力于追求更大的平等和公平，可是随着对生活的理解加深，他也不得不承认这个社会的贫富差距正在加大，因为马太效应始终决定着资源的转移方向。

马太效应揭示了体制内存在的一些不公平的分配现象，但也展示了资源分配中的一些基本规律，那就是资源的流向基本上都是集中在有能力运用它们的人身上，谁可以更好地支配资源，谁可以更高效地运用资源，那么谁就有更大的机会获得更多的资源。这是一个非常简单的道理，当骨干员工可以为公司创造更多的价值时，为了激发他们的工作动力，公司自然会给他们增加工资，会提供更多晋升的机会，而在资源有限的情况下，这种资源转移必然会以普通员工的利益牺牲为基础。

所有进入职场的人都要考虑到马太效应对自己的影响，换句话说，人们在进入职场时，应该想方设法让自己变得更加强大，应该想方设法让自己尽早变成资源的拥有者。比别人更早获得晋升机会，比别人更早赢得领导的认同，比别人更早地做出成绩，比别人更早地把握人脉，成了职场上的箴言。尽管职场上也存在后来者居上的情况，但是在多数情况下，领先一步的人往往会步步领先，资源会优先分配到领先者的手中，而当人们掌控了越来越多的资源之后，就有更大的实力去争取更多的资源。

许多有经验的工作者都会强调类似的观点，那就是一定要在最初的几年时间内证明自己的价值，把握住发展的机会，只有抢在别人前面完成资源积累，才能够在以后的工作中更顺畅地获得自己想要的东西。当然，想要消除马太效应可能带来的负面影响，就一定要确保自己有一个合理的、明确的定位，了解自己的真实水平，对未来做一个合理的规划，尽量找一份适合自己的工作，尽量在一个自己擅长的领域里去奋斗，只有这样，自己才有机会脱颖而出，才有机会获得更多的发展机会。

大部分人在挑选工作时都会倾向于选择那些高工资的，一份月薪5000元的工作和一份月薪8000元的工作同时摆放在眼前，相信多数人会想也不想地就直接选择月薪8000元的那份工作。而事实上，这份工作可能根本不适合自己，自己无法在这份工作中发挥出优势，结果会沦为一个非常普通的职员，可能会成为马太效应的牺牲品，而月薪8000元也许会成为一个短暂的工资标准。而当人们选择了更适合自己发展的月薪5000元的工作时，也许一开始的工资不高，可是自己与其他员工相比，具有更多的优势，有很大机会可以利用马太效应获得更多自己想要的东西。

人们应该明白一个要点，即在某一个条件或者范围内，资源的总量是不变的，或者说资源的总量变化不大，但是在分配时会产生很大的变动和差异。少的人会越来越少，差的人会越来越差，而优秀的人，将有机会变得更加优秀，富足的人也只会变得越来越富足。让自己变得更具竞争力，争取成为职场的宠儿，那么就会在职场上拥有更多的话语权和更多的发展机会。

自己主动找工作，还是让公司找自己？

人们常常希望自己能够拥有一份体面的工作，希望拥有一个非常有前途的职业，不过，并不是所有求职者都可以找到心仪的工作，也不是所有的工作都能够迎合求职者的需求。在很多时候，求职者与工作、求职者与招聘单位之间的角色变化，求职者的求职方式，都会直接影响求职的结果。

比如在一般情况下，人们的就业渠道有两种，一种是自己到处找工作，通过各种渠道的招聘信息对各类公司进行筛选。另外一种就是通过猎头公司来找工作，而在这个过程中，公司其实也是通过猎头公司来找员工的，因为猎头公司本身就是在帮助公司招聘合适的人员。

那么这两种方式有什么区别，求职者又该如何进行选择呢？

自己找工作的方式比较传统，求职者往往需要在相应的平台上寻找各类公司的信息简介，往往要面对成百上千家公司来进行甄选。一般来说，甄选的效率并不会太高，尽管很多网站会对各种公司进行分类，但是求职者对于相关公司的信息并不确定，因此在查看和选择的过程中比较耗时。许多大学生在毕业之后，往往要花费几个月的时间来找工作，就是因为选择太多，而自己掌握的信息又太少，加上一些公司提供的信息不完全，对于相关人才的需求情况也不明确，以至于求职者心里没底。

小李是北京某大学的一个普通本科毕业生，毕业后在某网站上找到了一家比较中意的大公司，这家公司给出的薪资为8000元一个月，对工作的要求并不算高，只要求专业对口，加上工作认真负责就行。可是小李碍于自己的学历并不算高，并不能确定这家大公司是否真的会录用自己，因此他最终忽略了这家公司，直接将简历投到了第二家薪资更低但自己更有把握的公司。几天之后，小李顺利通过了第二家公司的面试，成为这家公司的正式员工。可是此时他无意中发现同一宿舍的同学将简历投给了自己最初有意向的那家公司，并且也顺利通过了面试，这个时候他才意识到自己错过了一个进入大公司的机会。

对于众多求职者来说，他们在找工作时往往处于弱势地位，无法真正明确公司的需求。不仅如此，一般情况下，当求职者在找到心仪的工作并且前去面试的时候，往往也处在一个弱势地位，由于求职者是来“求”一份工作的，所以在很多时候不得不适当地在薪资方面、工作时间方面做出让步。在这种情况下，求职者想要获得心仪的工作，可能需要付出更大的成本，而自己期望的收益也许会打一些折扣。

如果通过猎头公司找工作，那么求职者就能够占据更多的主动权和优势，毕竟这种求职方式从本质上来说是让工作来寻找自己，公司对于员工的需求更大一些，这就决定了求职者会在这一次的求职博弈中占据更多的主动权。加上猎头公司会将公司的招聘内容以及公司的相关信息更加仔细地呈现出来，求职者反而会更有底气来面对这份工作。

这就像两个企业做生意一样，一家企业需要另一家企业的产品，并提出了自己的收购条件，那么对方可能会有更多可以操作的空间，也有更多讲价的资本。如果卖家迫不及待地央求第三方帮忙找一位合适的买家，那么买家在交易中就处于主动地位，他有更多讨价还价的余地。对于求职者来说，让猎头公司找上自己无疑会强化自己的收益，可以在谈判中提出更多的要求。

柯先生原本一直在微软公司上班，回国之后希望在一些大公司中找到合适的工作，可是让他感到失落的是，自己找了几家心仪的公司，都无法谈妥薪资问题。就在他准备降低薪资标准时，他听从了朋友的建议，找猎头公司帮忙。结果不久之后，有家互联网公司通过猎头公司找到了柯先生，他们需要柯先生这样有大公司工作经验的“海归”来领导新项目。

接着，朋友给了他一些提示，大意是鼓励他适当多提一些要求。在面试的时候，柯先生委婉地说了自己的薪资标准，还特别提到希望能获得公司的部分股份。对方对于股份的事情有些犹豫不决，但强调可以提供给他其他的保障，比如为柯先生在这份薪资的基础上增加20%。原本还打算自降身价的柯先生，在这一次面试中扭转了局面，还成功拿到了更高的薪资。

从经济学的角度来说，求职本身也是一种供需关系，当供方迫切需要寻找需求方时，需求方往往会占据更大的主动权，而当需求方主动寻找供方时，意味着供方有机会抬高谈判的报价。对于求职者来说，当自己需要一份工作的时候，最好的方法不是自己主动找工作，不是自己主动去求一份工作，而要想办法将自己变成一个让工作找上门的香饽饽。在职场上，角色的变化往往会引导供需关系发生变化，而供需关系的变化直接能够决定收益发生变化。

不过，并不是所有的工作都适合找猎头公司，换句话说，猎头公司本身的客户公司都是一些大企业、知名企业，对所招收的员工要求也比较高，非常看重求职者的能力、学历、经验，如果求职者的能力水平不高，没有足够的能力去获得一份好的工作时，那么还是自己找工作为好。

跳槽为什么更容易涨薪？

跳槽是职场上比较普遍的现象，人们对薪酬感到不满意或者觉得升职无望的时候，就会产生跳槽的想法。2018年智联招聘曾经对当年的职员跳槽指数进行调查，发现20%的白领一年以内都要跳槽一次，35%的白领1~3年内要跳槽一次，对于新职员来说，跳槽频率还要更高一些。

对于很多人来说，跳槽是一次冒险的行动，跳槽者往往需要考虑很多问题，比如需要重新找房子，需要重新适应新的职场环境，需要重新打造新的人脉网络，需要承担情况变得更坏的结果（比如自己可能因无法适应新工作而被淘汰，或者没有什么出头之日）。不过一些有经验的跳槽达人往往会为职场新人提供一些经验之谈，“如果你想快速涨薪，那么就要想办法跳槽”。

很多频繁跳槽的人都将跳槽当成一个往上爬的阶梯，他们迫切地希望改变现状，每一次跳槽都可以帮助自己更快地实现这个愿望，至少为自己变得越来越好创造条件。很多权威部门都曾对跳槽做过详细调查，发现跳槽的确会带来更大的涨薪幅度，而留在原有公司岗位上的人，其工资涨幅可能要小一点。

刘丹毕业后就在一家私营企业上班，工资为5500元一个月，可是在工作七八个月之后，他发现工资涨得太慢了，产生了跳槽的念头。第一次跳槽，他的工资直接从原来的6000元上涨到了7000元；第二次跳槽的时候，又从8500元直接涨到了1万元。工作2年之后，工资只涨了1000元，他又打算跳槽，并且看中了一家外企，据说入职的月薪高达1.3万元。

中国有很多类似的跳槽达人，尤其是一些能力出众的超级职员，更是职场上的打工皇帝，他们可能每隔一段时间就会跳槽，而每一次的跳槽都的确让他们变得更好。最典型的就是卫哲，他1993年毕业于上海外国语大学，毕业后直接进入了上海万国证券公司，他通过努力，先后成为万国证券资产管理总部副总经理，普华永道高级经理，东方证券投资银行总部总经理。在2000年，他开始跳槽，并出任百安居中国区执行副总裁兼财务总监，2年之后，他荣升为百安居（中国区）总裁。2006年11月，他再次跳槽，这一次加盟了风头正盛的阿里巴巴，而且成为阿里巴巴集团执行副总裁，兼阿里巴巴企业电子商务总裁。在阿里巴巴公司，卫哲的才能得到了很大的释放，不过几年之后，他选择了第三次跳槽。2011年2月21日，他成立了嘉御基金。10个月之后，他正式加盟好耶集团，成为该公司的独立董事。2016年4月11日，他再次以独立董事的身份正式加盟卓尔集团，还出任了该公司的薪酬委员会主席。在这一连串的跳槽中，卫哲给自己的人生履历上留下了光辉的一笔。

对于普通人来说，他们很难拥有卫哲那样的机遇，也不具备他那出众的工作能力，但即便如此，跳槽仍旧不失为一个涨薪的好方法。那么为什么跳槽反而会得到更大的涨薪幅度呢？从经济学的角度来分析，员工跳槽之后直接面向市场，因此面对的也是市场价值需求的增加与市场劳动力报价的增长。一个非常明显的例子就是，现在市场上每年的涨薪幅度可能高达7%左右，也就是说，今年某专业的毕业生的平均工资可能只有6000元，那么明年同一专业的毕业生的平均工资也许就是6420元。而企业内部每一年的涨薪幅度大约只有3%，即一个入职时领到6000元工资的人，可能一年后只能拿到6180元的工资，换句话说，他在企业中待了一年，还比不上那些新入职的员工工资高。

这是一个普遍现象，员工在发现这个事实之后，必定会产生失落感。因为自己在这一年的工作中，不仅业务更加熟练，技能更为丰富，经验也更加充足，更重要的是，自己已经投入了很多心血，而这一切竟然还比不上什么经验都没有的新员工，两相对比之下，员工自然会选择跳槽，直接进入市场再次去竞争，而且相比于应届毕业生和职场新人，他们拥有工作经验上的优势。

企业管理者自然也知道这一点，但是企业内部有自己的薪酬体系和涨薪制度，这些薪酬体系每年都在变化，前一年的人只适用于前一年的薪酬体系，后一年进入职场的人则会迎接新的薪酬体系。对于入职者来说，自己更像是被约束在计划经济体制内，而那些进入劳务市场的新人则受到了市场经济的支配。

既然如此，是不是意味着所有的职员都可以通过跳槽来满足加薪的愿望呢？其实很难，首先是个人能力问题，只有少数能力出众的人才能在市场上赢得青睐，而对于多数的普通职员来说，他们的能力和经验也许并不会受到市场的关注，即便他们有一定的工作经验，可是如果能力有限且没有做出什么成绩，他们的行情绝对不会太好。因为新人也有自己的优势：可塑性强，可挖掘的潜力更大，而那些有工作经验的人或许已经定型了。

其次是个人的成本核算问题，正如前面所说，房子、人脉、环境变化都是要重点考虑的。还有一点就是，员工在工作中已经在慢慢为日后的发展打基础了，一旦离开，自己就需要从头再来，之前的所有努力就都白费了，这样的成本是无法估算的。如果跳槽者没有把握获得比之前更好的薪酬和入职环境，那么就要三思而后行，而且任何一个跳槽者都最好先找到心仪的工作，然后再考虑跳槽。

第五章

经济学思维与管理的共鸣

分工合作产生效能

有家公司准备生产新能源汽车，需要自己完成的工作包括电池生产、外部框架生产、底盘生产、操控系统以及车窗玻璃。为了更好地生产出相关的零配件，公司准备集中力量逐一进行攻破，先解决电池问题，然后一起提高操控系统的产量，接着生产外部框架、底盘等部件。结果一年之后，该公司整体的生产进度非常缓慢，连预期汽车产量的一半都没有达到。公司的负责人认为是自己的员工在偷懒，没有用心工作，准备来一次大裁员。后来，有人给负责人提供了建议，认为这样几种力量共同做某一项业务，虽然可以集中人力资源，但是不免会造成低效与浪费，因为任何一个业务版块其实都不需要这么多人，还不如按照专业技能将所有参与者分配到各自的版块上工作，实行分工协作的方式，最后直接将所有配件进行组装即可。在采纳这个建议后，公司的产品产量很快得到了提高。

某车间有几个员工在一起装配货物，他们需要对所有包装盒内的产品进行检查，然后用胶带封好包装盒并贴上标签，接着将包装盒搬上货车，送到客户的厂里。为了确保工作进度，部门经理要求员工全部按照流程行动，先将所有包装盒内的产品检查一遍，然后贴上胶带和标签，最后搬上货车。可是在实施这一方法之后，经理发现每一次检查产品之后，都需要找一块很大的空地存放检查过关的产品，贴标签的时候又不得不再次挪出一个地方来进行操作，可以说制造了很多多余的工序，还产生了空间利用上的不便，严重降低了工作效率。因此，他直接将员工分成了4批，3个人负责检查产品，5个人负责封胶带和贴标签，然后2个人负责将货品往车上搬运，2个人在货车上负责将货品堆放整齐。这样一来，整体的工作流程非常流畅，大家互不干扰，而且在分工协作中极大地提高了工作效率。

在现实的管理中，管理者经常会将资源的利用局限于“将资源集中作用于某个项目上”，这是一种比较常见的合作方式，资源的集中使用可以快速攻克某个项目。不过这种方式的缺点也比较明显，那就是它通常只能用在一些产业单一、业务单一的项目上，对于那些存在众多分支的项目，则会导致一定的滞后性，而且还会因为大家都拥挤在某一个项目当中而产生一定的低效工作和资源浪费。

全球的产业发展常常会涉及“产业链”这个词，而在企业内部，则存在“业务模块”和“流程”的说法。无论是产业链，还是业务模块和流程，本质上都是一种分工，是将资本、技术、时间、人力资源进行合理的配置，分工合作会带来更高的效率和效益。同样以生产汽车为例，A部门、B部门和C部门的员工如果都挤在生产电池的车间里，那么就会造成资源的浪费。比如很多不善于研发和生产电池的员工可能无法发挥优势，工作效率会比较低，还浪费了不少资源。不仅如此，在人多的时候，会产生责任分散的问题，部分人寄希望于让别人多做一点，从而出现“一个和尚挑水喝，两个和尚抬水喝，三个和尚没水喝”的局面。

而在分工明确的合作体系中，每一个部门、每一个员工都能够找到自己的位置，都可以在自己最擅长的位置上发挥作用，每一个人都可以在流程中扮演好自己的角色。对于管理者来说，分工协作思维是一个最基本的管理思维，也是经济学思维中的重要组成部分，因为分工合作本身就代表了资源的高效配置和利用，这种利用会带来更多的优势。

就像iPhone手机一样，如果直接采取各个部件相继生产的方式，而不是各部门合理分工的方式，那么iPhone手机的生产效率可能会下降10%，成本会增加30%，产量会下降50%，产品收益会下降70%，也许还会更多。同样，飞机、汽车、电视、电脑，以及生活中食用的牛奶和面包，用来装扮的衣服和皮鞋，如果它们的生产效率严重下降，整个社会、整个企业都会变得更加封闭，资源的浪费会变得越来越严重。而在分工合作的思维模式下，管理者往往可以将资源分配在最合适的地方，以最经济的方式产生最大的效益。分工以及最终的配合，会让整体的效益产生“5×5”的效果，而不是单纯的“5+5”。

不过，分工合作的思维并不是简单的人员配置、资源配置，它更多还会涉及制度的安排和流程的控制，以及绩效考核与激励。如果流程不明确，那么员工可能会在分工的过程中失去方向，甚至做一些无用功。如果制度不合理，那么员工在工作中的积极性会下降，整体的分工得不到合理约束的话，持续性也无法获得保障。如果绩效考核与激励不到位，那么员工往往会抗拒分工，会消极怠工，甚至故意给同事使绊子。所以分工合作不仅仅是一种形式，而是体制的改变，是企业管理思维的变革，这些才是管理的保障。

对于任何一家企业、任何一个管理者来说，分工合作都是最基本的工作模式，它才是体现管理者的能力、智慧以及思维高度的一个基本标准。

管理中最常见的经济学原理：激励

Uber公司一直以来都是依靠汽车司机来盈利的，当开车的司机越来越多，Uber公司的业务范围也就越来越广泛，盈利自然也就越来越高。不过那些常年开车的人往往会对这种类似于出租车拉客的工作产生厌烦心理。因此当Uber公司在推广业务的时候，不可避免地遭遇到了很多司机的职业倦怠问题，后者都表示自己每天开车没有什么明确的目标，甚至有一些司机在不那么忙的时候，经常做半天、休半天，缺乏工作积极性。为了解决这个问题，Uber公司想到了一个有效的激励方法，那就是在公司的打车软件中设置一个信息自动提示的功能。当司机一天的营业额接近某个较大的整数值时，系统就会做出提示，提醒司机还差多少钱就可以达到这个整数值。比如司机一天辛辛苦苦赚了369美元的时候，系统就会自动发来信息，提醒司机还差31美元就达到400美元的整数值。这400美元其实就是一个潜在的激励目标，可以刺激和引导司机继续跑一两个单子，争取达到或者超过400美元的目标值。而事实也确实如此，自从在系统中设置了信息自动提示的功能后，司机开车的积极性明显得到提高，开车的时间不断延长，营业额也在显著增加。

Uber公司之所以可以提升业绩和营业额，就是采用了激励的方式，通过设定更高的目标来引导司机对继续工作产生兴趣。从管理的角度来说，激励是一种最常见的管理方式，企业给员工发工资、发奖金、升职，以及对员工进行表扬，这些都属于激励。激励是经济学中的基本原理，它的本质就是通过对人才进行奖励或者刺激，确保他们可以将有限的资源发挥出更大的价值。因为无论是对个人而言，还是对企业来说，资源往往是确定的，但如何利用资源，如何最大化地发挥出资源的效用，都离不开企业强大的管理能力和支配能力。

除目标激励之外，还有一种最常见的就是物质激励。物质激励本质上是对个人需求的调动和满足，无论是对金钱的需求，还是对个人自我价值实现和社会地位的需求，物质激励都会产生对应的效果。假设一个员工每个月能够创造30万元的营业额，扣除所有成本之后，老总从这个员工身上获得的纯收益为6万元。老总为了刺激销量和收益，就直接将这个员工1万元的月薪提升到1.3万元。通过物质激励，员工的工作积极性变得更高了，每天的工作时间、工作效率都得到了延长和提高，最终每个月的营业额都突破了36万元。这个时候，老总支付的成本可能只比之前多了3000元，以及一些材料成本、运营成本的增加，最多也不会超过3万元，但净收益可以达到8万元～9万元。对于老总而言，他肯定能够计算出激励之后，企业的总体效益和收益增加的数额，是远远超出成本的增加数额的。

拥有激励思维的管理者往往能够很好地处理管理问题，他们能够了解激励对于企业的经济发展和资源利用的帮助。在很多时候，管理者对于资源的评估仅限于数量，而没有认真地考虑过质量的问题，简单来说，就是资源的利用率以及资源本身的价值，这样往往会造成资源的浪费。因为通过科学合理的管理，人的积极性才会得到提升，工作效率也会提高，而资源的价值自然就会被放大。

比如，一家公司的管理者可能会机械地认定自己手下的20人团队每年能够创造500万元的净收益，这种评估往往是针对每一个人身上的工作能力或者个人的工作绩效来计算的。但如果管理不当，员工可能会在团队合作中产生消极怠工、相互推诿的情况，那么最终的净收益可能连300万元都达不到。而如果管理者善于运用激励措施，能够采取合适的方法激励员工，那么可能会进一步激发员工的工作积极性，提高工作效率，此时整个团队的净收益可能就会轻松超过500万元。

对于管理者而言，培养自己的激励思维并合理运用激励方式，无疑能够提高资源配置的效率，能够在有限资源内创造更大的效益。在这个过程中，“人”是一个不确定性因素，他可以变得更加低效，也可以爆发出远超平时的能力。对管理者而言，激发人身上的潜力，提高个人工作效率，是管理的重中之重，毕竟人才是企业的根本，才是调动资源、运用资源的关键因素，只有激活了人的潜能，资本、技术、时间、材料、市场等资源的效用才会成倍增加。

但是激励并不一定都是正向的，一些负激励同样非常重要，诸如适度的惩罚可以帮助员工树立危机意识。一个管理者如果要完善绩效考核制度，完善内部的规章管理制度，对于那些犯错者和工作绩效不高的人给予必要的惩处，那么员工的积极性同样会得到提升。此外，一些聪明的管理者会运用鲶鱼效应，通过在团队内部引入一个实力强大的竞争对手，为所有人施加压力，促使其他员工在危机意识中提升工作能力，完善自己的工作方法。

总而言之，激励是一个非常有效的管理方式。在激励中，员工往往会做出积极的反应，会成为最具主动性和创造力的因子，而这正是管理者在进行资源配置和资源利用时最看重的一点。

企业管理需要保证边际效用平衡

经济学追求的是资源的合理配置，从而实现效益的最大化，但在资源分配的过程中，人们往往会陷入一个误区，那就是将资源用在优势项目上。听上去似乎很有道理，但实际上在现实操作中，人们可能会走入一个极端，由于受到马太效应的影响，将资源过分集中于某一个优势项目上，而忽略了那些次要项目的投入，优势项目中的资源超过了实际的需求量，就会造成低效和浪费。

关于这个问题，其实涉及一个经济学概念，那就是边际效用的平衡，简单来说，就是让不同用途的边际效用趋于相等。比如某一项目的边际效用比较低，而另外一个项目的边际效用很高，那么就要将边际效用低或者在不断下降的项目上的资源，挪用到边际效用比较高的项目上，这样才有机会实现整体效益的提升。举一个最简单的例子，一个学生的语文考试成绩一般为95分左右，而数学成绩为70分上下，这个时候，学生不应该将更多的时间和精力用在语文上，因为语文成绩想要提升1～2分很困难，可能每天多投入两个小时复习语文，也不会有什么太大的提升效果。但是数学不一样，只要每天多花一点时间做数学题，数学成绩可能就会提升到80分，再努力一点的话，提升到90分也没有问题。考虑到时间和精力是有限资源，那么最合理的资源分配的方式就是，每天多花一点时间和精力在数学上，这样就可以有效提升总成绩。换句话说，个人的学习时间和精力的总效用可以做到最大化。

实现边际效用平衡，是一个资源分配者应该重点去做的一件事，是涉及资源分配、资源平衡、整体效益等多个方面的一个概念。本质上是为了让优势项目得到发展的同时，能够适当让那些次要项目的效益得到保障，然后在综合不同项目效益的基础上，打造一个更具竞争力和更高效益的资源配置和资本投资组合。

假设A公司主要负责生产轮胎和车窗玻璃，其轮胎制造技术世界领先，但车窗玻璃方面则没有太多的技术优势，如果A公司想要争取到奔驰公司、法拉利公司、宝马公司的相关业务，那么就应该适当将更多的资源集中在车窗玻璃的研发上，因为车窗玻璃研发潜在的边际效用相比其他的要高出很多。一家公司在培训员工的时候，通常注重对精英的培养，但是从边际效用的平衡上来说，应该将大部分的资金和时间投到能力相对较次的员工身上。对于那些优秀员工来说，想要让他们从优秀变得卓越，从卓越变成超级精英，会越来越难，付出的成本也会越来越大，从整个企业的内部培训和管理效果来说，将大部分资源集中在优秀人员的培训上显然不恰当。

让优秀的人优先占据资源，让优势项目得到更多的资源补充，这本是一个提高资源利用率的方法，毕竟在竞争中，真正发挥作用的是那些优势项目，是核心竞争力与顶尖人才。但企业的发展不能仅仅依靠那些优势项目，也不能完全寄希望在那些顶尖人才的身上，作为团队中的一分子，任何一个参与者都有自己的价值，也都可以发挥出其应有的作用，他们同样可以创造效益，而且相比于那些顶尖人才，他们进步的空间更大，创造效益的空间也更大。

很多时候人们都忽略了一点，那就是一个优秀的人做出更加优秀的工作成绩会很困难，让一个原本可以在一个月内拿下3000万订单的优秀销售员，将工作层次提升到平均一个月内拿下3500万元的订单，会有些勉为其难。让一个每年为企业创收1个亿的超级员工，上升到每年创收1.2个亿，往往也很困难。可是让一个每个月内拿下1000万订单的员工，上升到每个月拿下1500万的订单会相对比较容易。让一个每年创收1000万元的员工，上升到创收3000万元，也不算难。只要给予类似的员工更多的机会，只要公司里存在几个类似的普通员工，那么在整体上完全可以获得比那些超级销售员更好的效益。

管理者在激励优质员工创造更大财富的时候，在对优势项目加大投资并寄予厚望时，也要关注他们的边际效用，从边际效用平衡的角度来进行分析，找到一个保障整体效益最大化的点。管理者要改变过去那种狭隘的竞争思维，要改变过去那种只看局部不看整体的惯性思维，尽量在优先配置资源的基础上做到一定程度的平衡。比如培训资源不能全部集中在优秀人才上，普通员工也应该得到培训的机会，这对他们的成长和价值提升很有帮助。又如资源投入不能集中在某一个部门，需要适当分给其他次要的部门，确保不会出现“木桶效应”（一个木桶的盛水量不是由木桶上最长的那块板决定的，而是由最短的那块木板决定的）。

总而言之，确保任何资源的分配都不能过分集中在少数人手中，不能过分集中于某一个领域。尤其是对企业来说，各个部门、各项业务、各个环节都需要消耗资源，一旦基本的资源配置失衡，就会打破边际效用平衡，导致整体的效益受损。

避免大猪和小猪的不良博弈

某公司给两个部门下达了一项任务，要求两个部门合作完成一个新项目。其中A部门一直都是公司项目的主要负责单位，承担着主要的责任，而B部门只是一个辅助型的单位，完成一些基本的工作就行。但是B部门的负责人意识到一个问题：无论自己做多少工作，无论这个项目有多么成功，自己永远都只能获得少量的奖励。就像一块大蛋糕一样，A部门永远都会吃掉大部分，自己只能吃一些残羹冷炙。

当任务下达之后，A部门和B部门出现了一些矛盾。B部门的员工一直在偷懒，他们认为自己出工又出力会产生很大的成本，而收获的效益却不大，因此全身心投入的意义并不大；即便自己出工不出力，A部门也会想方设法完成所有的工作，因为A部门对该项目负有最大的责任。对于A部门来说，B部门的做法有些荒唐，却无可奈何，因为事实上如果不用心去完成该项目，那么遭受最大损失的一定是自己。

类似A部门和B部门之间的矛盾，可能在很多公司中都存在，部门和员工之间常常会存在一些不配合的现象，很多员工在工作中抱着“我不做，你也会被逼着去做”的心态，以责任不明晰来要挟那些在利益捆绑中受到更大影响的人。这种工作任务分配的问题，其实是资源分配问题造成的，因为资源分配容易引发一个常见的博弈现象：智猪博弈。

什么是智猪博弈呢？

猪圈里关着一头小猪和一头大猪，两头猪如果都想要获得食物，就需要在猪食槽的另一端踩踏板，才能确保食物从上面掉下来。但问题在于当一头猪去踩踏板的时候，另外一头猪就可以直接进食，这样就将导致踩踏板的猪失去优先获得更多食物的机会。

假设总的食物为10个单位，而负责踩踏的猪将会消耗掉2个单位的食物。当大猪踩踏板的时候，小猪会进食4个单位的食物，大猪赶回来时还能吃掉6个单位的食物，不过也消耗掉了2个单位的食物，因此两头猪总的收益为4：4。如果让小猪踩踏板，那么大猪可能在小猪赶回来时就吃掉了其中8～9个单位的食物，那么小猪只能吃到1～2个单位的食物，加上消耗掉的2个单位，小猪的最终收益等于0。如果大猪和小猪约定一同踩踏板，然后一同进食，那么大猪可能会吃掉其中的7个单位，而小猪会吃掉其中的3个单位，可是在扣除它们消耗掉的食物之后，基本上也处于5：1的状态。

从最终分析的结果来看，大猪明显占据优势，因为无论怎样分配，它都会获得不错的收益，这就意味着小猪一定处在被动位置上吗？其实并非如此，从分析结果来看，小猪一定会抱着“我死也不去踩踏板”的想法，哪怕会饿肚子，它也绝对不会为大猪作嫁衣，毕竟它只要这么做了，基本上就处于低收益或者无收益的状态。而大猪不一样，尽管它也可以选择不踩踏板，可是由此造成的损失绝对要比小猪的大，自己踩踏板的话，至少还能够获得部分不错的收益。在这种博弈中，小猪会坚定地躺在一旁，而大猪不得不忙着跑到食槽那头去踩踏板。

智猪博弈实际上反映了很典型的社会现象，那就是看似在不公平分配制度下处于弱势的人，往往会在劳动输出中占据优势，原本占据资源、力量、职位优势的人，反而会被弱势者“威胁”。就像分配一项任务，如果甲在任务完成之后可以获得80%的收益，而乙辛辛苦苦地配合也只能获得20%，那么乙可能会在合作中消极怠工，甚至将责任全部推到甲的身上。博弈双方对于资源配置的分析以及对自身行为的规划，会影响各自的收益。

考虑到合作双方经常会算出一笔清晰的经济账，管理者就需要完善自己的分配制度，比如看起来相对公平的多劳多得制度，就可以有效抑制“小猪躺着大猪跑”的现象。因为任何想要不劳而获的人都会被排除在资源分配的名额之外，为了确保效益最大化，无论是大猪还是小猪都会抢着去踩踏板，而不是指望让对方去做。

还有一个就是完善流程并强化岗位责任制，明晰各个部门以及各个员工的职责，谁应该负责什么环节，谁应该负责什么任务，所有的一切都要进行明确规定，这样一来，当工作展开之后，所有的参与者都会明确自己应该做什么，应该怎样进行配合，对于那些没有做好分内之事的人要给予必要的惩罚。比如在一个工作项目当中，如果发现所有的环节都做到位了，只有某一个环节出现了纰漏，那么该环节的负责人将要承担大部分的失利责任。

有的人在解决智猪博弈的问题时，提出了一个办法，那就是增加投食量，确保大猪小猪都有足够的食物享用，这样一来，无论是哪一头猪踩踏板，都可以获得理想的收益。不过在现实生活中，这种方法并不容易实施，因为盲目增加奖励会引发员工的懈怠心理，还会造成严重的资源浪费，这样一来反而会产生更多的负面影响。

将贝勃定律用于管理

某公司负责人准备给员工发奖金，将2万元的奖金分成4个批次来发放，负责人制定了以下5个方案。

第一个方案是：每一次都发放5000元，4次发放刚好可以发完2万元。在这个方案中，每一次发放的金额都很平均，没有任何波动。

第二个方案是：第一次发放2000元，第二次发放3000元，第三次发放5000元，第四次发放1万元。在这个方案中，从第二次发放奖金开始，每一次发放的金额增长幅度都要比之前的一次大。

第三个方案是：第一次发放2000元，第二次发放4600元，第三次发放6400元，第四次发放7000元。在这个方案中，奖金增长的幅度在逐步下降。

第四个方案是：第一次发放2000元，第二次发放4000元，第三次发放6000元，第四次发放8000元。在这个方案中，每一次发放奖金的增长幅度是一致的。

第五个方案是：第一次发放2000元，第二次发放8000元，第三次发放4000元，第四次发放6000元。这个方案的发放金额是先高后低，在突然大幅增加之后，又再次降低，没有什么规律。

那么负责人该如何发放这笔奖金呢？从总量上来说，似乎哪一种发放奖金的形式都是一样的，但从激励的角度来说，有着一些细微的差别，正是这些细微的差别决定了员工的工作效率，决定了公司的管理效用。比如第一种发放奖金的形式看重的是平均数，对于员工来说，每一次的数目都是相同的，并没有特别的惊喜。第二个方案是逐次增加，而且增加的幅度越来越大，对员工的刺激也是在不断增加的。第三个方案中的奖金虽然在不断增加，但是增加的幅度不断降低。第四个方案中的每一次增长幅度都一样。第五个方案中则增降交错，而且由于第一次增加的幅度很大，以致后面的奖金发放会引发员工的失落感。

毫无疑问，在这些方案中，第二个方案的激励效果最好，因为员工会发现自己的奖金越发越多，而且增幅越来越大，得到的刺激也越来越大，这样他们的工作积极性就会不断得到提升。为什么会出现这样的情况呢？这里涉及一个重要的经济学原理：贝勃定律。贝勃定律简单来说，就是当某人第一次受到强烈的刺激后，对第二个刺激往往会感受不明显，尤其是当第二个刺激远远比不上第一个刺激时，他对第二个刺激会毫不在意。比如在2019年的猪瘟中，猪肉的价格曾在短时间内从十几元一斤飙升到30多元一斤，消费者都感到非常震惊；当猪肉从30多元涨到40元一斤的时候，他们反而看淡了，因为第一次价格暴涨时产生的不适冲淡了第二次涨价时带来的不适。

又如，当猪肉从十几元涨到40元一斤，鸡蛋、牛肉、羊肉、蔬菜也都普遍上涨一倍的时候，人们对于房价从8000元上涨到8500元也就见怪不怪了，因为菜的上涨幅度太大，已经冲淡了房价上涨时带来的不适。而事实上，房价上涨了500元，总价可能就会增加几万元，这比肉类价格上涨时带来的生活开销大太多了。

在管理学中，管理者通常也会使用这样的方式来进行管理，比如在上面的奖金分配案例中，奖金金额是固定的、有限的，但是如果巧妙地进行分配，那么产生的效果就会不一样。员工如果一开始就拿到了很高的奖金，一开始奖金增加的幅度就很大，那么对于之后获得的奖金就会形成一种冲击，他们会逐渐对奖金失去兴趣，并直接影响到工作状态。

同样，一些管理者在分配任务的时候，也可以使用这种方法。比如在第一次就给员工安排一份超负荷且难度很大的任务，虽然员工在一段时间内会产生抱怨，甚至感到灰心丧气，但是这种冲击会冲淡第二次的任务布置带来的不适感和威胁感。最常见的就是加班，一些聪明的管理者为了让员工在加班中不会产生持久的负面情绪，常常会使用贝勃定律。有个企业的生意非常好，老板为了赶货只能让员工连续加班。为了降低员工的负面情绪，他在最初的一个月内要求员工每天都加班2个小时，虽然员工多次在私底下抱怨这是一家血汗工厂，但他们还是坚持了下来。到了第二个月，老板减少了加班时间，员工每天只需要加班1.5个小时，这个时候，抱怨的员工减少了。到了第三个月和第四个月，加班的时间又减少了半个小时。之后的几个月，员工每天只需要加班40分钟即可。令人吃惊的是，员工对此都习以为常，抱怨的员工越来越少，大家都在想“自己的工作越来越轻松了”，而忘记了一个关键问题：“他们始终都在加班”。试想一下，如果管理者反其道而行，每个月的加班时间都在增加，或者每个月的加班时间都一样，那么员工很快就会失去耐心。

贝勃定律是一个非常重要的心理学原理、经济学原理以及管理学原理，是激励的一种特殊形式，有助于消除员工的不信任感和不适应。通常情况下，贝勃定律适用于一些连续性的政策，管理者需要长期或者多次对员工进行高效的引导和控制时，就可以通过不同程度的刺激来消除一些可能产生的冲突。

需要注意的是，贝勃定律的使用需要注意幅度的变化，一开始不能太高强度，因为员工都会有自己的承受界限，如果最初没有控制好度，那么整个激励行动从一开始就会失效。

高工资下必定有高效益吗？

某企业的老总为了提升员工的工作积极性，为了提升公司的产量和效益，给员工开出了高于市场价20%的工资。在高工资的诱惑下，很多员工都兢兢业业地工作，而且还有一些员工主动加班。果不其然，在提高工资后的3个月时间里，公司的产量和效益得到了明显的提高。可是到了第4个月，公司的产量又下降了，老总为此感到疑惑：自己不是已经支付了高工资吗，为什么工作效率和公司效益一直没能够得到改善呢？

这位老总的疑惑代表了很多企业家和创业者的心声，许多人都会对高工资与高效益之间的关联性抱有期望，觉得高工资一定会产生高效益，因为在高工资的激励下，员工的工作积极性会得到提升。但事实证明，这种激励是短暂的，并不会产生持续性的刺激作用。

对于很多大公司尤其是依靠奋斗文化起家的公司来说，最严重的一个问题就是内部员工的工作积极性与效率低下，无论是谷歌公司还是三星公司，都出现了一些人浮于事、出工不出力的情况。对于其他一些管理得不那么完善的公司来说，员工一边拿着高工资，一边每天应付了事，根本做不出什么业绩，尤其是那些工作多年的老员工，更是成为内部的“佛系”工作者，他们所想的就是按时上下班，将手头的工作做完，然后每个月领到属于自己的那一部分工资就好，至于工作质量，他们并不在意，企业的效益也不在他们考虑的范围之内。

比如国内的一些大公司最近几年都遭遇了这种情况，很多员工都不愿意出国，更不愿意去那些条件比较艰苦的地方出差，原因是他们已经获得了自己想要的高工资，已经在工作中积累了更多的财富，钱有时候并不是吸引他们的唯一东西，或者说眼下的工资已经无法让他们产生更大的积极性。

高工资的一个弊端是容易提升员工的欲求，当人们习惯了从公司那儿得到一份高工资时，一定会想办法获得更多。但是对于公司来说，只有创造更大的效益才能实现员工的愿望，而且实际上公司也不可能无止境地提升薪资水准。当某一个环节出现了错误，或者说薪资增加的速度无法赶上员工欲望增长的速度时，员工就会按照一种正常的商品交易的态度来对待自己的工作——“既然公司无法为我提供更高的工资以及更好的待遇，那么我就只能在维持原来薪资水准的基础上，降低工作效率了”。

企业内部的消极怠工现象，往往就是这种心理在作怪，员工会觉得自己的工作绝对配得上一份更高的工资或者更高的职位。这有点类似彼得原理，人们总是在追求一些高于自身能力和价值的东西，一旦无法得到这些东西，那么消极抵抗就会成为最好的方式，这是他们实现价值平衡和交易对等的一种心理模式。

员工的欲望通常会将工资的增长速度甩在后面，另外一个重要的原因是管理者可能搞混了高工资与高效率之间的关联性。聪明的管理者应该明白，支付工资本身就是一种交易行为，而交易的基本法则就是看货给钱，产品的价格是建立在其价值基础上的，员工的工资水平是和他们能够创造的收益挂钩的。换句话说，公司应该依据员工的绩效开工资，而不是指望通过支付员工高工资来带动高效率和高收益，两者之间的因果关系绝对不能搞混。

许多公司都没有建立起一整套完善的绩效考核制度，通常都是机械性地发工资，在他们的思维中，老员工（看工龄）、骨干员工（看技术）、干部（看职位）的工资肯定要更高。但他们忽略了一点：员工拿多少工资，看的是他为公司创造了多少效益；员工今年拿多少工资和奖金，不是看他以前做了什么，而是看他今年的业绩是否达到了相应的标准。

比如很多优秀的公司每年都会进行一次年底考核，对于考核成绩不达标的员工，一律对其进行处罚。如果员工的工作表现是团队内最差的，那么可能就会面临降职、降薪的处罚，甚至会直接被公司开除。对此，公司设置了比较严格的绩效考核，会依据员工具体的表现给工资，而不是单纯地用高工资来刺激员工努力工作。

在最近几年，关于员工的薪资问题一直都是一个热门的社会话题，无论是国企员工的工资、公务员的工资、普通白领的工资，还是互联网公司的工资，往往都会引发很多热议，员工的工资高低问题也成了管理者重点关注的话题。比如阿里巴巴创始人马云就谈到了员工离职的问题："一、钱，没给到位；二、心，委屈了。归根到底就是一句话：干得不爽。员工临走时还费尽心思地找靠谱的理由，就是为了给你留面子，不想说穿你的管理有多烂，他对你已失望透顶。仔细想想，真是人性本善。"不过马云并不是一个无脑的"高工资主义者"，在他看来，所有的高工资首先要建立在个人强大的能力及其创造的价值上。

当很多人都在谈论借助高工资来刺激员工工作积极性的时候，或许也意识到了高工资带来的激励作用，意识到了高工资对工作产生的积极作用。但与之相对应的是，管理者更应该站在经济学的角度来看待两者之间的关系，无论是看成一种交易，看成一种投资，还是看成一种激励，都需要清醒地意识到这本身就是一种互惠互利的行为，公司需要通过高工资来刺激员工的积极性，也就是说从一开始就可以将提升工资作为激励的一种方式。但高工资并不保险，因此管理者需要对这种交易行为进行管控和考核，确保员工的工作效率对得起这份工资，否则就要给予必要的惩罚，尤其是对那些拿着高工资却消极怠工的员工，要进行严惩。换句话说，管理者要制定一个赏罚分明的制度，监督员工的工作。就像华为公司一样，华为公司的工资在同类公司当中算是很高的，但这种高工资的背后是用完善且严格的绩效考核来约束员工。这种双管齐下的模式才有助于提升员工的工作效率，保证企业获得更高的效益。对于企业和管理者来说，将奖励和惩罚措施结合在一起，才能充分发挥出激励的作用。

让员工主动离职，还是辞退员工？

有个员工的工作能力非常一般，在公司多年也没有什么特别突出的业绩，虽然他没犯什么错，可是对于公司而言，这样的员工已经没有任何可挖掘的潜力和可培养的空间了，公司对这个员工的期待值非常低。与此同时，这个员工也产生了离开公司的想法，他在公司工作多年，工资并没有增多，职位也没有得到提升，他自己也已经意识到再待下去只会浪费时间，还不如出去寻找其他的工作，也许还能找到更好的发展机会。无论是对公司而言，还是对员工本人来说，员工离开都是一个最佳的结果。

那么这位员工可不可以顺利离职呢？现实中的情况可能会比较复杂，原因就在于离职是需要成本的，对公司或者员工而言，离职都需要付出一定的“钱”。公司需要补偿一笔钱给员工，而员工则会失去工作，而且不同的离职方式的成本支出是不一样的。如果是员工自己提交辞呈，那么就属于主动辞职，公司只需要支付一些基本的补偿金即可，或者出于人道主义再多提供一笔钱，类似多支付员工一个月的工资。这个时候，员工的损失就比较大，他的离职成本比公司的支付成本要大。如果是公司辞退或者买断员工，那么员工仍旧受到劳动法与工作合同的保护，此时员工将会获得一笔一次性的安家费或者赔偿金，这笔钱可能是员工几个月的工资，或者是一年的工资。此时，公司付出的成本会更大一些。

对于老板来说，为了降低成本，那么最好的方式就是让员工主动辞职，老板肯定会这样想："既然对方一直都想着离开，那么总有一天他会主动递交辞职报告，我就等着签字就行，而不是现在就赶他走，这样就可以省下一大笔赔偿金了。"不过员工也有自己的利益考量，他不会随随便便就主动辞职，因为主动辞职意味着他将会失去更多的钱，也就是说他的离职成本会增加，这显然不是他所期望的结果，他会觉得既然公司不打算留下自己，那么迟早会选择支付一笔赔偿金让自己提前离开。这个时候，老板与员工之间就形成了一种博弈关系，但这并不是一个僵局，因为拖下去对谁都没有什么好处，员工可能会继续在公司里颓废和浪费时间，公司则需要继续支付一笔工资来养活一个无法提供更高价值的平庸之人，这实际上是一种双输的局面。

为了打破这个僵局，老板必须主动思考成本、收益与机会成本的关系，即重点思考一下留下员工和辞退员工的成本、收益的对比情况。比如老板要考虑开除员工需要花多少钱，雇用一个更有能力的员工需要花多少钱，这个新员工能够给他带来多少收益，以及如果留下这个员工，可能会导致公司错过什么样的人才。在整个思考的过程中，老板应该进行换位思考，因为员工必定也会对自己的成本、收益和机会成本进行分析，会重点计算自己主动离开公司之后，在新公司那里获得的收益，然后进行对比。老板在考虑自己的选择策略时，需要将员工的想法和策略摸清楚。

在整个分析过程中，时间是一个重要的变量，即员工会在公司里待多长时间，这个时间长度会成为成本、收益以及机会成本考量的重要因素，毕竟时间越长，双方可能受到的损失就越大。

假设公司每个月支付员工6000元，如果员工主动辞职，公司一般会补偿他一个月的工资。如果员工被开除，那么公司将要支付给他5万元~6万元的赔偿金。考虑到机会成本和其他成本、收益的话，将会面临更加复杂的情况。

情况一：公司还没有找到合适的替代者，其他的候选人能力与这个员工差不多，并不能带来什么改变，公司还要多支付6000元的工资。此时，公司不宜主动辞退员工。

情况二：公司找到了替代者，而且对方的能力更强，工作效率更高。对于公司来说，提早辞退这个员工反而对自己有利，即便要付出5万元~6万元的赔偿金。

情况三：员工没有找到满意的工作，此时，员工肯定不打算那么早离职，能拖就拖。

情况四：员工找到了满意的工作，此时，员工必定会着急离职，公司占据了有利位置。

这些不同的情况代表了不同的选择倾向，但是对老板来说，员工是否找到了新工作是无法得知的信息，因此他的焦点应该集中在尽快寻找到一个有能力的替代者这件事上，只要找到了能够带来更高效益的员工，那么公司就可以占据行动的主动权。此外，为了确保效益的最大化，最好的方法就是与员工进行协商，老板需要强调公司的利益，同时也要注重维护员工的利益，双方可以达成一致的想法，即公司一次性支付给员工一笔买断费，这笔钱要比5万元~6万元少，但是也要高于6000元，可以协定为3万元左右（如果员工着急离职，那么金额可以适当降低；如果公司找到了替代者，那么金额也可以适当提升），这样一来，双方的成本都可以得到有效控制。毕竟谁都明白一点，员工在公司多待一天，公司和员工的边际效益就会下降一点。

对老板以及其他管理者来说，在处理员工离职的问题时，应该从自身成本和收益的角度出发，再结合机会成本，然后决定是主动辞退员工，还是等着员工主动离职，采取不同的管理方式，将会产生不同的结果。

|第六章|

社交活动也需要算清楚一笔人情账

社交的本质就是资源互换

在经济学思维中，人的一切行动都是有目的的，都是为了尽可能获得最大的利益。这里强调的利益最大化，其实也是一种资源价值的最大化。但许多人会将理性人的概念局限在经济活动当中，而对一些涉及人情往来的社交行为，很少愿意提及“经济”“利益”这样的词。虽然“经济”或者“利益”本身只是一个中性词，但它们很好地揭示了人们的基本需求。在经济学思维中，它们只是最基本的元素，但是很多人仍旧不愿意将利益掺杂在社交活动当中。

正因为拥有这样狭隘的思维，人们在进行社交活动时，常常会陷入无效社交当中。最明显的就是同乡会、同学会。最近几年非常流行同学聚会，小学同学、初中同学、高中同学、大学同学经常在一起聚会，虽然名义上是为了促进感情，但是在同学会中，很多人都忽视了一点：很多同学在生活中根本不会有联系，或者说这些联系根本没有任何实际的意义。一些同学除了在同学会上聊几句客套话，在平时的生活和工作中基本上没有任何交集，甚至也不会有什么联系；还有一种情况就是，很多同学也许会隔三岔五地举行聚会，但多数只是一些无意义的交流活动。

何女士就曾在网络上抱怨自己的丈夫在最近两年时间里，几乎每隔两个月就要来一次所谓的同学聚会，而且那些同学每天都活跃在微信群中。丈夫以前下了班都会陪着孩子，然后在晚上9点半准时睡觉。可是现在微信群里的信息一天到晚跳个不停，丈夫基本上都要在晚上12点左右才入睡。不仅如此，微信群中经常会有什么活动，丈夫基本上也都会报名参加，有时候一次同学聚会，一次外出旅游就会花掉几千元，这给经济条件一般的家庭带来了不小的负担。而丈夫似乎也并没有在同学聚会中获得什么帮助，他之前一直想要换一份工作，也没有人能够帮上忙，孩子入学的事情，托了同学帮忙也毫无音信。这些都让何女士感到不满，觉得丈夫花那么多的时间和金钱来经营同学关系，似乎有点无聊，毫无意义。

很多人都会将社交活动当成一种单纯的消遣，为了认识几个人，为了说上几句话，或者只是单纯地为了打发无聊的时间。可是从整个生活的发展状况来看，社交应该具备自己的价值，这种价值不仅仅是为了解闷，不仅仅是为了寻求精神的寄托和放松，它应该是一种让自己的生活变得更好的方式。

社交的本质是资源的互换，人们应该在社交活动中获得自己所需的资源，无论是商业中的社交，还是生活中的社交，或者是职场社交，人们都要明确地意识到社交可以为自己带来更多更有价值的东西。在社交活动中，可以认识更多能够为自己提供工作的人，可以认识更多能够带来投资机会的人，可以结识更多能够为自己创造收益的人。社交活动本身就包含了很多高价值的资源，有多种功能形式，它的作用也远远要比想象中的强大，只不过很多人只是将其当成一种无意义的人际接触。

在社会学家看来，“有100个朋友”和“拥有100份资源”是不同的，

100个朋友可能未必会对个人的生活带来什么改变，也不一定会产生什么积极的影响，但是如果有人从社交活动中获得了100份资源，那么他的生活、工作将会迈向一个新的台阶，他的人生将会有更多的可能性。一个有经济头脑的人，一个善于运用经济学思维的人，会妥善处理社交活动，尽可能地从中获得自己最需要的那些资源。

这是一个非常重要的思维，意味着人们正在重视和高效利用社交活动带来的价值，在这种思维中，人们会更加系统地也更加科学地管理自己的人脉，会将社交活动当成一种生活投资。这并非要求人们功利地看待社交活动，但有目的地进行社交活动往往能够带来更大的价值。一个人可以加入各种微信群，可以在网络上结识更多的朋友，但人们在拓展社交范围时，应该重点想一想这些人能够为自己带来什么。“加入这个微信群，可以获得更多就业的信息”“加入这个朋友圈，可以让我找到更多有关婚恋的信息”“加入这个社交凭条，可以让我在遇到工作困难时找到各种解决问题的方法”，社交本身就是一个联系各种不同种类的资源的载体，借助这个载体，人们可以找到自己想要的东西。

有的人手机通信录中有几百个人的号码，有的人微信群中有几千个人的好友，而有的人只拥有几十个好朋友，但是这几十个人往往可以为他带来好的客户，带来好的工作，带来好的理财方案，带来好的投资项目，带来资金和技术，带来机会和抉择。那些拥有几百、几千个朋友的人可能只是在一些所谓的交流中虚度光阴，浪费时间和金钱，他们从来没有认真想过自己可以在社交中获得什么，从来没有好好利用过手中的社交资源。

无效社交和低价值社交是多数人最容易犯下的错误，而这种错误的根源在于人们的思维模式过于落后，在于人们的思维停留在“多认识几个人”，而不是“多积累一些资源”上。只有真正看重资源的人，才能够有效把握那些优质的人脉，才会有目的性地认识那些自己最需要的人，这是提高社交效率和社交价值的基础。

为什么雪中送炭的人要比锦上添花的人更受欢迎？

有个企业家创办了一家机器制造和加工工厂，由于经营管理非常到位，他的生意越来越红火，销量和盈利都在逐年上升，产品开始销往深圳、东莞、吉林、陕西等多个省市。这个时候，家族里的几个亲戚借给了他一些钱用来扩大规模，他们还拉来了几个不错的客户，他也相应地给予了亲戚们一些物质上的报酬。

2008年，由于受到金融危机的影响，这家企业的销量在半年的时间内迅速下跌了75%，这样的下跌幅度直接让企业的资金周转出现了问题，企业迫切需要大量的资金来维持基本的运转，否则可能会遭遇破产。在危急时刻，企业家的一个老同学直接借出1200万元，虽然这笔钱并不能从根本上解决企业遭遇的金融危机，但是已经能够在短时间内维持基本的运转了。2009年，依靠这笔宝贵的资金，企业熬过了寒冬，相关的业务也在慢慢恢复。不久之后，企业家偿还了老同学的钱，并且免费赠予对方5%的企业股份，这些股份在2011年的时候就已经价值5000多万元了。

此时，有很多亲戚都觉得不高兴，为什么自己当初帮了忙没有得到股份，而同学借了一笔钱就可以得到股份呢？关于这一点，企业家给出了很好的回复：“你们当初让我从很好变得更好，而我同学则将我从破产边缘抢救回来，一个是锦上添花，一个是雪中送炭。”

为什么锦上添花就比不上雪中送炭呢？从感情上来说，锦上添花只是让人们从一种好的状态变得更好而已，个人情感感受不到太大的冲击和变化，而雪中送炭往往能给那些身陷险境的人带来希望，是帮助人走出低谷的重要保障，接受帮助的人的情绪会经历明显的变化，他们对于这样的帮助往往会印象更加深刻。

从经济学的角度来说，雪中送炭的价值要大于锦上添花。众所周知，经济学中的一个核心内容就是供给与需求之间的关系，在谈到供给和需求时，会讨论3种基本情况。第一种情况是供大于求，即产品和服务的供应数量太多，已经超过了市场上的基本需求，这个时候，产品的价格就可能会下降，企业的边际效益也会不断降低。第二种情况是供不应求，即产品和服务的供应量远远跟不上市场的需求，这就会导致市场对产品的追逐更加强烈，并直接引起产品价格的增高，产品的销量也会非常好。第三种情况就是供求平衡，大致来说就是产品的供应基本上满足了市场的需求，这个时候供应方和需求方都处在了一个平衡的状态上。

雪中送炭与锦上添花就属于两种不同的供需模式，雪中送炭强调的是供不应求时的一种补充，即满足了市场上最需要的东西，最大限度地缓解了资源缺乏所引发的不适和恐慌。在雪中送炭时，资源原本是稀缺的，无法满足需求者的基本需求，甚至对此产生了一些负面的影响，而雪中送炭的人则带来了更多的资源，这些资源有效地满足了人们的需求。锦上添花所表现出来的供求关系并不明显，因为锦上添花意味着受助者并不缺乏资源，虽然拥有更多的资源会带来更多的收益，但是这些需求和收益并不是必需的，因此它们并不能算是稀缺资源，这一类资源本身的价值自然就非常有限，而且很多锦上添花本身没有太大的必要，因为其边际效益不高。

一个人挣到了1000万元，再多挣2万元，或者不挣这2万元，并没有什么太大的区别，多挣2万元带来的满足感并不强烈。如果一个人有500万元的缺口，填平了这个缺口，产生的满足感自然会更大。在社交中也是如此，对于雪中送炭的人，人们产生的满足感会更加强烈，这个时候每提供一份资源都会产生重要的价值，每一份增加的资源都会带来效益的增加，资源的价值往往会很快凸显出来，而锦上添花更多的是一种形式主义，资源的需求程度以及利用价值都很低。对于受众对象来说，对这两者的感受是完全不同的。

有个人曾经因为债务缠身一度非常落魄，连基本的衣食住行也无法解决，只能依靠给朋友打工来养活自己，而且这个朋友一直都在想办法帮他还债。后来这个人因为经商有道，成为当地最有名的富豪。在商人荣归故里之后，很多人都前往祝贺，有的人甚至打算帮助商人著书立说，将其当成本地的一个文化标签推广。这个时候，那个帮助他的朋友反而没有上门去道喜，也没有参加欢迎仪式。就在商人的家人纷纷指责这个朋友不懂礼数的时候，商人却感动地说："像他这种人是不会来这里的，因为他知道我并不缺少这些祝福，他只会在我最困难的时候伸出手来拉一把，我至今仍旧记得他替我还掉的5000元，那些钱比我挣到的5000万更加有价值。"

虽然雪中送炭和锦上添花的本质都是为了帮助他人，但是两者的价值可能天差地别。所以，应该多做一些雪中送炭的事情，尽可能把握他人最大最迫切的需求，这才是一个朋友真正要做的事情，也是经营人际关系最重要的一个法则。

朋友之间也需要进行投资

韩先生是一个比较内向的人，平时很少与人沟通，也很少参加什么社交活动。他有几个非常要好的同事，大家在上班之余倒是会一起聊聊天，有空的话也会一起出去吃饭。大家平时会在生活和工作上相互帮助，尤其是韩先生比较内向，大家都会在工作和人际关系中帮他处理各种事务。可是韩先生自从结婚之后，基本上都处于上班工作、下班回家的单调生活模式之中，大家渐渐发现韩先生越来越不怎么和他们沟通了，平时除了上班说几句话，下班时间基本上没什么联系，大家一起吃饭、K歌的时候他也不来，一起外出旅游的活动也基本不参加。可是一有什么问题，又要打电话求同事帮忙。

没过多久，同事们就一个个地疏远韩先生，对于他的请求也开始委婉拒绝，找各种借口推托掉，大家在工作中不再像过去一样帮助他成长，在生活中更是和韩先生慢慢划清了界限，甚至连节假日的一些基本问候语也不见了。在2016年的时候，公司安排了2个出国深造的名额，韩先生是候选人之一，可是在投票中，以往关系非常要好的同事并没有为他投票，最终他以2票之差输给了另一个候选人。韩先生有些沮丧，觉得那些“好朋友”背叛了自己。

类似的社交问题，从经济学的角度来说，就是一个投入与产出的问题，是一个关于资源持续稳定输出的问题。很多人觉得朋友之间是无条件付出的，是不求任何回报的，真正的好朋友总是会在关键时刻挺身而出，为自己提供重要的资源。但他们往往也忽略了一个前提，那就是朋友之间的关系是需要进行维护的，或者说是需要投入一定的维护成本的，更加直白地说，朋友是一种重要的资源，这种资源往往携带了人力资源、技术资源、思想资源、情感资源、信任资源等多种不同类型的资源。想获得这些资源以及持续性利用这些资源，也是需要持续投入的，这是一种非常正常的交易模式和经济学模型，即只有投入才能获得产出，任何只想着产出而不求投入的行为，最终都会导致这个模型崩溃。

比如，有人好多年都不和朋友联系，平时缺乏足够的互动，当朋友遇到什么麻烦的时候，也没有及时伸出援手，结果自己一有什么事情就请求朋友给予帮助，这样的做法往往会让朋友反感。在一段友情中，还是需要一定的对等性的，尽管没有人要求朋友之间必须做到“你帮我一次，我就帮你一次，你付出多少，我下次也同样会付出多少”，毕竟具体的量化策略并不适用于朋友关系的维护，但最基本的礼尚往来还是有必要的。朋友之间的任何回报都需要以付出为前提，需要以奉献为基础，无论是情感方面的付出，还是物质上的投入，都是朋友关系中不可或缺的一部分。就像技术一样，人力资源本身也需要成本来维护，公司招聘人才上班，就需要支付工资。朋友之间未必这么物质化，但是同样需要投入才能有回报，才能让朋友关系处于良性运转的状态。

小苏在大学毕业之后，和其他同学一样快速投入忙碌而充实的工作当中去，但在工作之余，她并没有忘记经常和同学、朋友进行联络，每年都会抽空和那些关系最密切的同学来一次聚会。小苏去国外工作时，也没有忘记与同学联络，还经常从国外邮寄一些礼品给同学。后来，小苏回国后一直没有找到心仪的工作，只能住在朋友的房子里，朋友不仅没有收取任何费用，还叫上其他几个要好的同学一同帮小苏找工作。

同小苏一样，黄女士也非常注重维护朋友关系。她在离婚之后一直处于单身状态，生活和工作一度面临很大的压力，可是朋友们很快就帮忙解决了这些困难，有一个朋友还以无息的方式借给她50万元，用于房子的首付。在谈到为什么朋友愿意不计报酬、不讲条件地帮忙时，黄女士透露了一件事，那就是她在过去的10年时间里，每隔一个星期都会和这个朋友通电话，她记得这个朋友的生日、喜好，每次过年或者过生日，都会给朋友寄去贺卡。不仅如此，黄女士知道朋友喜欢吃山里的干货，每年都会托人从老家给她带很多的笋干、野生木耳、香菇和一些自制的熏肉。这些食材其实并不贵重，却极大地增强了黄女士和朋友之间的感情。

许多人都有这样的惯性思维，觉得朋友之间不需要说太多，不需要有太多世俗的利益往来，不需要有太多烦琐的社交形式，他们却不知道，任何一种关系的获得和维护都是需要成本的，也不知道任何一种关系都是有保质期的。好朋友之间一个月不联系或者半年不联系也许不会影响感情，因为两个人的感情尚在保质期内，可是如果连续几年甚至十几年都不联系，那么这种强关系就会变成弱关系，而且类似退化而来的弱关系往往令人尴尬。当强关系退化和弱化之后，朋友并没有情感和道德上的义务一定要给予你更多的帮助。

任何资源都是有保质期的，超过了这个保质期，资源的利用率就会降低，利用价值就会打折扣。人际关系也是如此，无论是客户之间的关系，还是朋友之间的关系，甚至是夫妻之间的关系，一定要注意保鲜和维护，只有投入更多的成本，才能保证这些关系会产生期望中的价值。此外，一些社会学家认为人际关系的打造就是为了实现完美合作，而任何一种合作都需要参与者提供相应的资源，如果一方拒绝付出这些资源，那么合作也就不复存在。

自由作者兰小欢曾经说过：“我以为世界上最文明的事就是在重视彼此利益基础上的相互妥协，对抗是为了利益，谈判也是。重视利益没有贬低道德的作用，只是换了个说法，在现象上，‘道德规则’的背后永远有利益。无论是用传统的经济学分析社会现象，还是用更新的进化论心理学分析个体行为；无论分析的单位是经济学的‘自利的个人’，还是进化论和生物学的‘自私的基因’，都会得出相似的结论。”人与人之间的各种关联性，往往是需要依靠利益做保障的，维护他人的利益，为他人的利益做出妥协和投资，这本身就是引导人际关系变得更好更稳固的方法。

为什么借钱需要支付利息?

在日常生活中，经常会有借贷行为发生，亲戚、朋友与同学之间会相互借钱，而在很多时候，借钱行为是伴随着一定的利息的。人们从熟人那儿借到的钱需要偿还部分利息，而也有一些人主张不要利息，他们觉得与亲人或者熟人谈论利息是非常可耻的，会让人觉得非常贪婪，缺乏人情味儿，那些要求获得利息的人往往都是一些唯利是图的小人。在传统思维的影响下，许多人会对借钱收取利息的事情进行描黑，将收取利息的人与地主征收高利息、无良商人放高利贷的行为联系在一起，这样会影响彼此之间的感情。

利息是指货币在一定时期内的使用费，货币持有者作为债权人，在借出、贷出自己手上的货币或者货币资本的时候，从借款人或债务人手中获得一定的报酬。那么在日常生活的借贷尤其是熟人借贷的关系中，人们应不应该向借钱者收取利息呢?

从生活的角度来说，收取利息是一种非常普遍的经济学行为，就像一个人从银行贷款一样，需要支付利息，只要利息合理，那么它就是一种正常的、合理的行为，人们不应该将感情色彩强加在利息上，更不应该对合理收取利息之人进行道德绑架。其实，利息自古以来就存在，甚至比货币出现的时间还要早，比如古代人在遭遇到干旱或者洪涝灾害时，田里面可能颗粒无收，一些家里没有存粮的人就会到邻居家里借粮食。假设有人问邻居借了20斤粮食，那么在偿还粮食的那一天，他可能会直接偿还给对方22斤粮食。

为什么人们一定要收取利息呢？许多人觉得这不过是人们的贪婪之心在作祟，也有一些人觉得这是通货膨胀在发挥作用。比如有个人在3年前问朋友借了5万元，在3年之后偿还给朋友6万元，多出来的1万元利息就是这3年来的通货膨胀。可是这样的说法并不完全合理，虽然货币会贬值，但是关于通货膨胀的说法还是有些争议的，毕竟不同地区的通货膨胀是不同的，北京的房价在3年之内可能会翻好几倍，但是在小县城，房价可能只会增加10%左右。不同地方的物价上涨幅度不同，消费的变化自然也不一样。

从心理学的角度来说，利息实际上是延迟满足的一种表现，如果人们在借钱时明确表态将会多偿还一些钱，那么把钱借出去的人就会愿意等待那些多还的钱，购买更多的东西来消费。假设某人准备借40万元给朋友做生意，这笔钱他原本打算用来买房，而朋友会在2个月后多还2万元，那么借钱出去的人就愿意多等2个月时间，然后用2万元的利息购买一套沙发。正是因为延迟满足的存在，人们很愿意把钱借出去。

从经济学的角度来说，这是一种资源配置在发挥作用。首先钱不借出去的话，本身也是会产生一些价值的，或者说有机会产生价值，人们可以将这笔钱存在银行里，可以将这笔钱用来做投资，可以用它来理财，这些经济行为都会产生潜在的价值。如果将钱（资源）分配给其他人，这笔钱必定也会产生其他的价值，可能别人用来买房（提前买房可以少花钱，借钱则可以少支付贷款），别人用来做投资（钱生钱），别人用来还债（减少还债利息）。把钱从自己手上转移到别人手上，都在创造价值，当钱或者说资源在转移的过程中，必定会导致部分价值的转移，而这部分价值的转移是要求得到回报的，如果没有任何回报，资源和价值的转移也就不会发生，因为人本身就是理性人。

此外，还有一点非常重要，任何借钱行为本身就伴随着一定的风险，毕竟当钱借出去之后，就已经脱离了自己的控制，这笔钱能不能及时还回来，会不会少还，都会给债权人带来很大的困扰。为了尽可能降低风险，就需要签订一些必要的借钱合约，支付一定量的利息，一些借贷行为甚至可以要求用一些资产作为抵押。

有很多人觉得借贷双方是好朋友，让朋友借点钱给自己周转一下也无所谓，根本没必要给什么利息，但借钱者的损失（资源和价值的转移）以及风险是客观存在的，作为朋友绝对不能这么自私。如果人们试图免费享用他人的资源，那么不仅人际关系会受到影响，下一次可能再也无法获得同样的资源来解决生活中的危机。

而在具体衡量应该收取多少利息的问题上，人们可以依据这笔借款的具体用途来做决定。如果朋友是把钱拿去应急，诸如拿去给孩子交学费，给家人看病，用来应对一家人的基本生活开销，那么就应该适当少收一些利息。如果债务人是把钱拿去投资做生意，那么债务人在获利之后应该适当多给一些利息。至于有很多人明明没有经济实力，却拿着钱去购买奢侈品或者从事一些风险很高的经济活动，债权人就要仔细掂量一下究竟要不要借钱给对方了，就像一个人向朋友借了几十万元去赌博或者购买彩票，那么这笔钱很有可能是无法拿回来的，借款的风险自然也会很大，债权人就不应该借钱。还有一点也很重要，那就是债务人的信用情况，如果一个人借钱常常不还，或者经常会延迟还钱日期，那么在借钱给他的时候一定要保持谨慎的态度，不能轻易被对方打动，以免给自己增加不必要的风险。

AA制背后的经济学知识

在日常生活中，很多人付款时喜欢采取AA制，吃饭的时候，共同租车旅游的时候，或者一起购买某个产品时，都会与其他参与者以平均分配的形式来处理开支。对很多年轻人来说，AA制是一个非常时髦且公平的支付形式，在社会文化中，这往往代表了平等，代表了合作，代表了共享。

其实，在西方国家，朋友之间的AA制往往是一次博弈的结果，或者是某种短期博弈的常规形态，这是降低交易成本和提高交际效率的一种方式，而在中国，AA制往往会涉及人情往来，与外国人的思想、文化都存在很大的区别。关于AA制是否合理，有的人曾提出了一个方案：既然两个人或者更多的人每一次都采取AA制来均摊开支，那么为什么大家不采取轮流付款的方式呢？比如这一次让甲支付饭费，下一次轮到乙来支付所有的饭费，再下一次，由丙支付所有人的饭费。

轮流支付的形式与AA制相比，是不是会更加合理呢？

从情感的角度来分析，轮流支付往往更合适，因为它更能够体现出人情往来的特点，可以有效增进情感交流，它能够体现出“为他人付款”的责任感和愉悦心情。而AA制更多体现为“为自己的那一份开支付款”，朋友之间尤其是男女朋友之间并不会因为AA制而增进情感交流。

从经济学的角度来分析，AA制会产生更多的情感负担，这种负担源于付款负担，社会学家将其称为“付款痛苦”。按照社会学家的说法，付款是一种开销，或者说是一种成本消耗，当一个人付出越多、开支越大的时候，付款者感受到的痛苦和不适往往也会越来越越大，可是当付款达到某个金额的时候，随着付款金额的增加，痛苦和不适的感觉会逐渐减轻。简单来说，就是每一次开支（每增加一块钱的付款）的边际效益（痛苦）在递减，而AA制与轮流支付的边际效益是不一样的。

假设一对朋友每次吃饭都要花费600元，平均下来就是每个人300元，在采取AA制的时候，两个人每一次都要各自花费300元，因此每个人的痛苦点为300个单位，总的痛苦点就是600个单位。假设使用轮流支付的方式，那么每一次其中一个人付款的时候，都会经历这样一个心理变化：在支付前面300元的时候，仍旧会产生300个单位的痛苦点，可是当他支付剩下的300元时，就会产生这种想法：“这是我帮朋友支付的，我有责任这样做，而且下一次吃饭的时候，我就不用花一分钱了。”在这种心理机制的引导下，痛苦的感觉会下降，可能在剩下300元付款的过程中，只会产生250个单位的痛苦点。这个时候，总的痛苦点只有550个单位。当两个人轮流支付的时候，总的痛苦点更少一些，也就是说，双方在轮流支付请客的过程中，成本消耗带来的痛苦感比AA制要更少一些。

在经济学上，可以用边际效益（痛苦）来进行解释，但一个更加专业的名称是“合作性均衡”，即各方协调彼此行动，确保共同支付产生最优结果的一个策略，这个策略是一个非常实用的经济学思维。比如在职场中，很多人都会事事分得很清楚，自己与同事之间无论是什么资源都会以AA制进行分配，甚至还会在一些共同利益上进行严重的内斗，这样只能产生更大的消耗和更低的效率，彼此之间的关系也会受到很大的影响，因为双方会产生一些消极对抗的情绪——“我只需要对自己所做的部分工作负责，我已经得到了自己所需的那部分资源，其他事情并不在我的考虑之内，至于对方是否做得好，我毫不在乎”。在AA制下，双方可能会因为太过痛苦而拒绝合作，或者在共同维护客户、共同经营某个项目时影响到工作状态。

如果实行轮流制，人们在职场上会更多地为合作方考虑——“这一次，我多花费一些时间和力气，多做一些工作，承担大部分的责任，那么在下一个项目中，对方可能会将更多的资源自愿让给我，会愿意帮我负担大部分的责任”。比如，员工甲和员工乙一起负责一个项目，两个人都获得了公司的授权，也获得了一部分资源来支持自己的行动，为了更好地完成任务，员工甲将这一次项目的领导权让给员工乙，并且将自己手上的那部分资源交给对方，让对方掌控大局。虽然甲在这一次的项目中扮演了副手的角色，大部分功劳都被乙获得了，可是在下一次的项目合作中，乙主动做出了牺牲，将领导权和资源全部交给甲，甲顺利完成任务之后，获得了公司的嘉奖。

在职场上，在商场上，如果说AA制代表了“为自己付出”的理念，那么轮流制则是一种“双向付出”的思维模式，付出双方会形成一种良性的互动，会在合作中形成更好的默契，会产生更多的信任，彼此之间的关联性会进一步得到强化。更加重要的是，这种良性的合作方式会保障整体效益的最大化，对于双方日后的协作都会产生积极影响。从这一方面来说，合作性均衡是一个非常重要的工作模式，也是一个非常合理的社交模式，参与合作的各方可以维持一个整体效益的均衡，并确保所有的资源在一个更加合理的协作模式上产生更大的效益。

寻找最适合自己的人脉资源

在生活中，经常可以见到不同类型的人，这些不同类型的人通常都具备不同的能力特质，比如有的人拥有万贯家财，有的人拥有高颜值，有的人拥有丰富的知识和很高的学位，有的人拥有无可比拟的人脉，这些其实都是资源值的一部分。一个人的资源值越丰富或者越高，那么对其他人的吸引力往往也就越大。

人人都希望和贝索斯以及马云这样的大企业家结交，创业者都千方百计想要加入中国企业家的顶级饭局，有钱人的商业思维就是有钱人的资源值，有钱人对于没钱的人总是具有致命的吸引力。同样，当一个人颜值很高的时候，他（她）的身边就容易聚集更多的异性朋友，颜值就是他（她）的资源值，对于长相一般的人来说拥有吸引力。企业也拥有自己的资源值，出众的品牌效应，强大的技术优势，广阔的市场，优秀的管理体系以及销售渠道，这些都是资源值。所以，如果你想要认识一个人，想要与一家优秀企业打交道，那么就需要明白对方身上的资源值究竟是什么。

资源值是一个经济学术语，更多的是经济领域内的资源调配所需。在整个经济学领域中，国家和企业都会挑选资源值最大的东西来提升自己的竞争力，技术、物资、人才、市场、战略、创意，这些都属于企业资源，不同的企业都拥有属于自己的资源值，政府和企业要做的就是进行资源的合理配置，确保资源值最大化。在交易和经济活动中，不同的经济体以及不同的企业、个人之间，都希望通过交易来提升自身的资源值，而前提是先要挖掘出合作者的资源值。

从经济领域推及个人，每个人身上的资源值都是不一样的，而且一个人可能拥有多项资源，而结交人脉以及做出相关的人生选择往往都和这种资源值的需求与判断有关。缺钱的人往往倾向于认识更多的有钱人，做企业的倾向于认识更多优秀的企业家，研究文学艺术的肯定希望结识更多优秀的文学与艺术大师。人们总是倾向于取长补短，对自己最缺乏的东西进行补充。

一家公司拥有强大的超算能力，以及储备了强大的存储技术，这在现代科技以及人工智能中非常重要，可以说这家公司已经站在了现代科技发展的前沿，为了提升自身的影响力，这家公司准备实现强强联合。在一次企业家联谊会上，很多企业家都对这家公司的创始人伸出橄榄枝，希望与其进行商业合作，但是这些企业要么是同样拥有超算能力和超强存储技术的企业，要么是一些实力不强的企业。虽然公司的股东们都建议公司找实力雄厚的同类企业进行合作，这样就可以垄断超算、存储两个领域，占据发展的先机，但是也有一些人提出了不同的意见，他们认为人工智能时代最重要的是超算、存储以及超速连接，没有超速的话，超算和存储的功能就会受限，只有大力发展5G、6G才有希望实现人工智能的普及。寻找和自己一样的企业有可能会实现短期内的高速发展，成为超算或者存储领域的领头羊，但是与那些擅长超速连接的企业合作，则能够更快地帮助企业把握人工智能的发展机遇，引领人工智能的发展。所以这家公司的创始人需要优先认识和结交那些掌控超速连接资源的企业家，双方可以形成良性的生活互动和商业交流。

对于资源值的把握和选择，将直接决定企业和个人的发展，这一点在生活中很常见。事实上很多人都缺乏明确的经济学思维，对于资源值的理解比较肤浅，他们更加看重一些显性的因素，就像很多人在恋爱时喜欢找一个经济实力雄厚的对象，却忽略了两个人的性格是否适合，忽略了对方是不是一个好人，是否会对自己真心实意。有的人选择嫁给了“钱”，却得到一段并不幸福的婚姻，而有的人虽然找了一个普通人，却能够幸福快乐地生活一辈子。有时候，人们可能会做出一些误判，因为他们或许并不清楚自己真正需要什么。因此，了解自己真正需要什么，了解对方身上最重要的特质是什么至关重要。蔡崇信当年放弃了几十万美元的年薪，甘愿拿着500元的工资跟着马云，其实就是看中了马云的抱负和战略眼光；乔布斯选择重用库克，看中的是库克强大的营销能力，因为苹果不缺技术和创新，缺少的是将创新产品卖到全世界的杰出人才。

生活中总是充斥着各种各样的社交选择，每一种选择都建立在利益衡量的标准之上，而利益的衡量又使人们对他人的资源值进行各种考量，人们都在试图寻求让自己的资源值最大化的外在资源。所以关键的是，人们需要弄清楚自己的资源值是什么、有多少，并且需要以最大的热情和足够敏锐的嗅觉来挖掘资源值更大的合作对象，这样才能更好地发挥自身的资源优势，让自己在更为合理的资源配置中获得更高的收益，这才是一个高效的社交方式。

优质人脉究竟有多重要？（二八法则）

戴先生是一家银行的客户经理，每年的工作都很繁忙，任务也很重。按照银行的规定，他只有每个月为银行拉到300万元的存款，才能获得每月1.2万元的收入，否则就是基本工资6000元；只有每年为银行拉到4000万元的存款，才能够获得十几万的年终奖。工作多年，戴先生几乎年年都可以完成这些存款目标，而在他每一年超额完成任务的工作绩效单上，可以明显地发现帮助戴先生完成业绩的永远只有少数几个重要客户，尽管在他多年的工作生涯中，帮几千位储户办理了存款业务，可是这些人的存款非常少，几乎78%的客户存了不到20%的钱，而剩下80%以上的钱都是由另外22%的客户提供的。

很多业务员都会强调一个词——“存量客户”。所谓存量客户指的是那些有过接触和联系银行的客户，他们出现在银行的电话通信录上，或者直接在银行里办理过业务。银行每年都会要求业务员对存量客户进行整理和管理，从中找到那些大客户，然后与大客户建立更好的私人关系和业务联系，毕竟这些大客户往往贡献了80%甚至更高的存款。

从某种意义上说，银行的做法就是在提醒员工要把握优质人脉。优质人脉是一个非常重要的概念，它在很多时候决定了人们的生活和工作质量，决定了个人社交的高度。在谈到优质人脉的时候，最重要的就是二八法则，简单来说，一件事情所产生的80%的影响，是由20%的关键因子决定的。比如一家公司80%的业绩是由20%的骨干成员贡献的；一个人挣到的钱，有80%来源于20%的项目；一个人从外界获得的帮助，有80%来源于20%的重要朋友。

将二八法则与经营人脉联系在一起，就意味着人们需要重点关注生活中极少数能够给自己带来更大帮助的人。事实上，在多数时候，人们都在和身边各色各样的人打交道，都在网络上与人进行沟通和交流，但这些交流中包含了很多无效社交，人们并没有从中获得什么价值。究其原因是人们还没有对自己的社交方式和人脉的经营方式做出调整，多数人还处于一个以量取胜的思维模式中，觉得自己拥有的人脉资源越多，就一定会获得更多的发展机会。但事实上，真正决定个人发展的是那些优质人脉，只有优质人脉才真正具备高价值，是真正的稀缺资源。当人们意识到二八法则的重要性时，就应该知道，重点挖掘和把握那些优质人脉比盲目扩大社交范围更加重要。

在谈到资源配置和利用时，常常会涉及一些核心资源，像资金、技术、人力资源都属于核心资源，而这些资源本身又可以进行不同层次的划分。比如人力资源就分为好几层，最核心的往往是最亲近的家人、最要好的朋友、最重要的合作伙伴和客户，外在的则是一些有工作往来或者平时有联系但关系不是那么亲密的人。通常情况下，人们会按照情感而不是价值来划分自己的人脉圈，这就导致了多数人的核心人脉不够出色。有一种说法是，一个人的收入基本等于他身边最亲密的6个人的平均收入。假设某人身边最亲密的朋友基本上都是年薪6万元，那么这个人的工资基本上也在这个数字上下浮动。

核心人脉圈的质量直接决定了个人的发展高度，正因为如此，人们应该积极提高社交质量，尽量打造一些高层次的核心人脉。有个企业家说过，即便自己在一夜之间破产，变得身无分文，也能在短短的几年时间内东山再起，原因就在于他拥有强大的人脉资源，他拥有的核心人脉能够为他提供很大的帮助。

对于多数人而言，他们需要对自己的社交模式进行改良，改良的目的是确保自己拥有更多优质的人脉资源；需要在一定程度上进行人脉重组，剔除那些无价值的社交活动和人脉，将那些优质人脉摆放在重要的位置上，并且挖掘新的高价值人脉。平时一定要重点维护与这些高价值优质人脉，提高互动率。

有个企业家每隔一段时间都会对自己的工作进行总结，看看哪一个客户对自己的业绩帮助最大，看看哪些朋友给予了自己更多的便利，哪些人为自己的成功提供了最大的助力。他会将那些最重要、最有价值的人优先用表格列出来，当成重点社交对象，会专门针对这些人制订合理的社交计划，包括节假日的问候以及平时的聚会，公司有什么活动，他也会第一时间通知这些人。

每过两年，他还会对自己的手机通信录、微信通信录进行清理，将那些好久没联系的人清理掉，并且退出一些无价值的微信群，平时一些没有任何意义的饭局也刻意减少，这样他就可以腾出更多的时间来经营优质人脉。

对于任何一个人来说，个人的时间、精力以及金钱都是稀缺资源，为了提高这些资源的利用效率，需要想办法将其集中在那些最能创造价值的人脉上。从经济学的角度来说，这是一种以最低成本去创造最大价值的方式，因为经营任何一段人脉都会产生成本，人们每天同别人建立社交联系，每天在一起沟通，每天在一起吃饭，每天一起参加社交活动，这些都会产生时间、精力和资金上的成本，而很多无效社交和低价值社交就代表了成本（投入）比收益（产出）要大，这显然不是一个合理的局面。所以正确的选择是，集中资源投入少数高价值的人脉上，这样不仅可以做到控制成本，还能够提升收益。

此外，考虑到每一个人身上的资源值不同，在实际的社交中还是存在一些障碍的，有一个专业术语叫“阻尼”，简单来说就是阻碍人们打造稳定人际关系的一种障碍和阻力，因为人脉经营是需要成本的。比如最近几年非常火爆的巴菲特午餐，很多人愿意花费数百万美元，就为了换一次与巴菲特进餐的机会，对很多有钱人来说，这是一种高价值的金钱游戏，但是对于一个普通的工薪阶层的人而言，认识巴菲特似乎并没有什么必要。首先他没有那么多钱，去见巴菲特的话，他可能会破产，或者欠债几百万美元，从某种意义上来说，这基本就是一次投入和产出严重失调的不良投资。即便他真的借到了几百万美元来做这件事，巴菲特的投资理念会给他带来什么帮助吗？也许有一点帮助，但绝对不会很大，巴菲特强调的那些经济理论和投资理念，对于工薪阶层的人来说几乎毫无用处，因为他根本买不起苹果公司或者可口可乐公司价值好几亿美元的股票，不可能有能力长期持有这些股票，也根本没有任何能力去把握那些强大的投资理念。

所以在挖掘优质人脉的时候，任何人都应该量力而行，按照自己所处的社会层次和社会地位来选择结交的对象。如果层次跨度太大的话，阻尼也会变得很大，这样一来，原来的优质人脉投资可能就会变成一个亏损的项目。

为什么关系不那么亲密的人反而提供了更多的帮助？

斯坦福大学教授马克·格兰诺维特曾经提出了强关系和弱关系的概念。所谓强关系是指那些更近的人际距离、更稳定的社会关系，这些人处于同一个生活圈和工作圈，有相似的生活、学习或者工作经历，甚至有相同的目标，相近的思维模式和行为模式，且彼此非常熟悉，像家人、朋友、同事、同学都属于强关系。而弱关系是指那些彼此之间不认识、不熟悉，或者说平时并没有什么交流的人际关系，诸如陌生人、朋友的朋友、朋友的同事都属于弱关系。

通常情况下，人们会习惯借助强关系来应对生活和工作中的各种问题，强关系也是人力资源中的主力军，几乎各种各样的生活问题都会通过强关系来解决。但事实上，很多时候人们并没有从中获得更多的帮助，反而是弱关系会在日常生活和工作中起到关键作用。

马克·格兰诺维特曾经做过一项有关就业的调查，结果发现只有16.7%的受访者是通过所谓的熟人渠道找到心仪的工作的，更多的受访者则依靠一些并不熟悉或者素未谋面的陌生人来解决工作问题。

林小姐曾经在一家互联网公司上班，由于工作任务繁重，工作时间过长，她担心身体会越来越差，于是萌生了换工作的想法，可是她托亲戚和朋友找了好几份工作，都不如意，以至于她一直都没有勇气辞职。后来，一个朋友的大学同学帮她在一家外企找到了一份设计文案的工作，她这才放心地离开了互联网公司。

唐先生是一家公司生产部门的经理，公司准备研发一款新产品，可是材料和设备都缺乏。唐先生在业内找了很多人帮忙，可是这些人要么是和唐先生做差不多的产品，要么就是合作伙伴，对于新产品的相关信息也都不了解，更不用说能够提供什么设备了。眼看新产品的研发就要无限期搁置，唐先生的一个客户突然想到了一个专门回收和改造二手机器设备的朋友，就让他帮忙找找新设备，结果这个朋友很快就依据以往的工作信息，为唐先生找到了一家专门生产这些新设备的公司。

为什么在现实生活中，人们并没有依靠强关系解决各种疑难问题，而是依靠一些素不相识的人呢？从经济学的角度来分析，群体之间往往存在资源同质性和资源限制的情况，在一个群体内，由于大家生活方式、接受知识的方式、生活的水平、思考的方式比较相似，以至于掌握的资源可能都差不多，接触的信息也基本上都在同一个圈子内，彼此之间的资源重叠率比较高，互补性并不强，人们很难从与自己同属一类的朋友那儿获得自己想要的资源。而在圈子之外的人，往往拥有这个圈子不知道的信息，有着圈子内不具备的资源，对于圈子内的人来说，这些信息有可能会起到重要的作用。

具体来说，弱关系具有两个重要的特点。首先就是资源的多样化，一个人的弱关系越丰富，那么他潜在的可获得的资源也就越丰富。因为当一个人认识了另外一个陌生人时，就可能会借助对方的人脉圈行事，就可以利用对方手里的各种资源继续接触更多的资源。比如甲需要找工作，就认识了此前没有见过面的乙，乙托朋友丙帮甲安排了工作，甲就认识了丙。

丙是一名企业家，圈子里的人都喜欢淘一些古董，所以甲很快就接触到了古董行业，并且回老家淘到了不少宝贝，最终变成了一个成功的古董店老板。其实，很多重要的信息、好的生活理念、出色的投资方案，都来自弱关系，依靠弱关系，人们可以获得各种各样的重要资源，可以丰富自己的生活方式与工作方式，可以极大地拓宽自己的视野，并提高思维的高度。

其次就是资源的补充，这是弱关系一个最重要也最实用的特点。对于弱关系而言，资源的补充本身就是资源限制的一种突破，它是保证生活和工作效益最大化的必不可少的一个特质。比如有个人打算成立一家工厂，可是在自己的家族以及朋友圈中，基本上没有人从事制造业，甚至很少有人开厂创业。这个时候，他就必须面对很多问题：如何开始创业，基本的流程是什么，应该重点注意什么，工厂建立起来之后如何进行管理，怎样招聘和管理人才，产品卖给谁，如何找到重要的客户，如何进行宣传和拓展销路……如果没有人帮忙，创业者可能会毫无头绪，尤其是在联系客户方面遭遇阻力。而借助一些弱关系，创业者就可以突破自己的资源瓶颈，找到一些有经验的前辈，找到一些愿意和自己做生意的客户，找到一些非常有诚意的合作者。可以说，如果不善于挖掘和利用弱关系，他的生意将很难拓展出去。

从现实的角度来看，弱关系能有效打通很多人际关系上的阻尼，确保个人的人脉资源能够吸收更多新鲜的养料，确保个人的视野可以不断扩大。人们对资源的需求不断增加，自然会积极主动地开拓弱关系。

如果对个人的成长过程进行分析，就会发现个人的成长基本上就是一个走出核心生活圈，然后不断开拓弱关系的过程。在婴幼儿时代，家庭是人们的整个核心生活圈；长大一些之后，人们需要出门寻找伙伴，需要上学认识更多的同学。从小学、中学、大学，再到社会，整个的成长过程中，人们都在不断认识新的人，都在增加新的弱关系，而这些直接带动了人们的成长，直接帮助人们丰富自己的人生，并且提供了其成长所必需的各种重要资源。原本素不相识的老师提供了优质的教育，原本素不相识的同学提供了更多的生活帮助，原本素不相识的老板给予了各种待遇不错的工作，原本素不相识的客户提供了最佳的业绩。弱关系的打造是个人成长需求的表现，也反过来促进了新需求的产生。

第七章

做出什么样的决策，在于拥有什么样的思维

当亏损到来时，不要被沉没成本牵着鼻子走

2019年，山东某地有位萝卜种植户，50多亩的萝卜全部烂在地里也不去挖，让很多人觉得不可思议，那么多的萝卜就这样放任不管，对于农户来说可能会是一笔不小的损失。哪怕挖一点萝卜出来卖，也可以多赚一点钱，总比留在地里烂掉要强。但种植户表示宁可让自己的萝卜全部烂在地里，也不想挖出来卖，原因很简单，当时萝卜的收购价非常低，而请人挖萝卜的人工费不低，再加上打包费用和基本的运输费用，这50亩的萝卜基本上已经没有什么利润了。

同样，安徽某地的藕到了收获的季节，种植户却仍旧没有及时将藕挖出来，就是因为在往年很早的时候，收购商就会上门挨家挨户地进行预订和收购，但是如今的行情很不好，收购商给出的价格比往年跌了60%，而且收购商本身也没有兴趣继续收购。种植户想要卖掉这些藕，除挖出来需要支付一大笔人工费之外，还要支付运输费，而且市场上的价格并不如意，如果单靠自己一点点地销售，成本消耗非常大，最终的情况可能是，在支付完所有的成本费用之后，卖藕所得的钱一分不剩。

在生活中，经常会听到大蒜、杧果和香蕉滞销，或者核桃卖不出去，这些发生在农村土地上的现象，往往和市场经济的盲目性有关。简单来

说，当人们觉得某个农产品供不应求且可以卖个好价钱时，往往会一窝蜂地种植和经营相关的农产品，但很快就会造成供大于求的严峻局面，而此时农产品的价格可能会跌到一个让人绝望的价位。摆在农户面前的选择往往会很残酷，如果果断放弃，那么就意味着之前的全部投入会颗粒无收，如果继续收割，那么产生的成本与利润仍旧不成比例，亏损可能会继续扩大。

类似的农业现象是在市场经济运作下集中体现出来的一道难题，当人们都在谈论农业发展中的盲目跟风现象，谈论市场调节的失灵和死角时，越来越多的人开始关注一个重要的经济学名词——“沉没成本”。什么是沉没成本？简单来说就是已经投入和付出且无法挽回的一笔支出，投资的人支付了第一笔投资费用，租房的人交了一年的租金，开厂的人注资建造了厂房，恋爱和婚姻中付出的时间、精力、金钱、情感、信任，这些都属于沉没成本。

在面对沉没成本时，人们很容易落入它制造的陷阱中，因为当人们误以为自己可以获得收益时，不知道接下来自己的每一份付出可能产生的边际效益会更低，甚至直接变成负数。就像农民盲目种植农产品所产生的恶劣影响一样，当亏损发生的时候，一些农民可能会在面对放弃与继续的情况下做出一些赌博式的选择，他们不甘心自己之前的努力全部白费，因此常常会想办法继续下去，并期待着可以扭转颓势。比如有个瓜农为了卖掉自己10亩地的西瓜，不得不包下一辆运输车前往县城卖西瓜。可是西瓜的销量很不好，价格又低，加上农户自己在县城里的开销，他每卖一个西瓜竟然还会亏掉3分钱。家人都劝他不要去管那批西瓜了，有人来买就卖一点儿，没人来买的话也不要大费周章地外出销售了。但是瓜农不甘心自己之前的心血全部白费，决定继续拉西瓜去县城卖，结果西瓜只卖掉了一半，而卖瓜的全部收入也根本支付不起卖瓜的开销。

在现实生活中，很多人都拥有赌徒心理，他们一旦意识到自己之前的付出不再有任何回报和收益，那么一定会想办法继续投入，争取将之前的损失弥补回来。当一个人做生意亏损之后，通常想的就是如何加大投入，填补自己之前的亏损。炒股的人在股票下跌时，会不甘心损失而想着加大投入来挽回损失。农民也是一样，当他们面临亏损的时候，常常会想办法赌一把，这个时候就可能会落入沉没成本的陷阱，被沉没成本牵着鼻子走。

沉没成本是经济学中一个非常重要的概念，作为一种历史成本，沉没成本对现有的决策而言是一个不可控成本，它的存在往往会对人们当前的行为、决策产生很大影响。对于那些了解并能够理智看待沉没成本的人而言，一定要尽量避免受到沉没成本的干扰。比如某人花费100元购买了一张电影票，为了不让这100元打水漂，通常会选择硬着头皮继续看下去，但这样做不仅浪费了时间，也让自己越看越生气。而如果在看20分钟之后选择当即离场，那么消耗掉的成本仅仅是100元和20分钟。及时离开电影院，这就是一种止损行为，它是避免人们进一步被沉没成本捆绑的重要方式。

对于那些因为盲目种植而面临亏损的农户而言，在沉没成本出现之后，最重要的一点就是及时止损，避免因为沉没成本而付出更大的代价。人们真正应该关心的是当前的决策会造成什么利益上的损失，当前的决策会导致什么样的成本和消耗，这些消耗与所得利益的比例是否合理，如果成本消耗比所得利益还要大，或者说边际效益越来越低，甚至变成了负数，那么及时止损是最佳的策略。

短期选择和长期选择中的折现思维

众所周知，远古人通过狩猎和采集水果来维持生计，但这种生存方式实际上存在很大的风险，因为当天气不好或者遭遇什么意外事件时，猎物会减少，水果也会减产；又或者由于过度捕杀，本地的猎物越来越少，无法满足第二年或者第三年的生存需求。因此，一部分人开始进化自己的思维，他们将目光放得更加长远一些，当族群中有人捕捉猎物时，他们不着急吃掉这些猎物，而是将它们圈养起来，等到年底或者来年再吃。这样做的好处有两点：第一点就是圈养猎物可以让猎物得到繁殖的机会，从而增加食物的数量；第二点就是可以让那些较小的猎物得到生长发育的机会，从而也增加了食物的数量。同样，有人开始将自己采集到的水果存放起来，为之后的几天储存粮食。当远古人懂得圈养和储存粮食的时候，他们的生存条件渐渐得到改善，生活效率和生活质量也得到了明显提高。

事实上，正是远古人圈养猎物，才使畜牧业开始独立发展起来，并为人类社会的发展和进化奠定了坚实的基础。其实，人们在进化中一直都面临着类似的选择，今天吃完这只猎物，还是明天一同吃完两只甚至更多的猎物。比如在就业方面，有一份收入稳定且入职即可获得月薪1万元的工作，还有一份月薪5000元但是在未来数年可以获得月薪几万元的工作，一般人会怎样去选择呢？

在现实生活中，多数人都被月薪1万元给吸引了，对他们而言，参加工作即可获得1万元的薪水，这是非常诱人的；那些讲究发展潜力的工作却因为一开始工资不高而失去了吸引力。显然，很多人都有追求即时愉悦的想法，这是一种短期投资行为。许多人在生活和工作中都有类似的理念，他们会看重自己当前能够获得什么收益，会重点分析自己当下可能获得的好处，至于未来怎样，当前的决策是否会对未来产生什么消极影响，完全不在他们的计划之内，他们也没有这样的投资概念。

在多数人看来，未来的东西是有折现率的，他们会将未来可能获得的收益折现成为当下的价值和快乐，这是一种折现思维。简单来说，就是将未来的收益折旧成今天或者现在的价值，看看这种折现是否值得，然后再做出选择。

在孩子的教育中，很多父母和老师都会坚持“应对当前考试”的教育策略，让孩子做更多的习题，参加各种补习班，给孩子灌输各种需要死记硬背的知识。这在一定程度上提升了孩子的学习能力，孩子也许会考上一所好的学校，会拿到一个令人羡慕的学士学位。可是由于孩子一直以来都活在填鸭式的教育中，他们的创造性受到了很大的制约，他们在某些方面的潜能（美术天赋、运动天赋、音乐才能）都被学习制约了，他们的一些好习惯、好品质也被磨灭掉了，这对他们今后的生活将产生重大影响。对于家长来说，如果能够意识到这些，并且运用折现思维进行思考，也许就会发现之前的教育方式根本不值得。

在投资中也是一样，有的人只看重短期收益，只看重一个月或者半年内自己可以获得多少钱，因此错过了一些具有长期发展潜力的好项目。股神巴菲特的伙伴查理·芒格认为，一旦自己选择了一个好的投资项目，就会坚持持有它40年甚至是一辈子，反过来说，他会优先挖掘那些在未来几十年都具备超强增值能力的项目，而不是短期内的增值产品。

假设某人有两个投资选择：第一个投资为期1年，盈利大约是40万元；第二个投资为期3年，盈利大约是150万元。假设折现率是6%（现金的贬值率），可以计算出未来3年获得的150万元将折现为：150÷（1+6%）×3=125.9万元，平均到每一年的价值大约为42万元，它仍旧比40万元的收益要高，显然投资第二个项目要更划算。

那些有经济头脑和经济学思维的人，往往会运用折现思维来思考自己应该做出什么选择，应该如何在投资中进行合理抉择。这不是简单的短期投资与长期投资谁更好，而是要考虑长期投资下的折现是否会高于短期投资的收益。将未来可能获得的收益进行折现处理，就可以很好地解决不同时间维度、不同时间跨度带来的效益分析。

比如有个企业家在创业之初，准备成立一家加工公司，在当时的条件下，加工公司是最稳定的一种生财之道，无论是技术、资金、市场、人力，都不用费什么力气。在公司成立之后，他雇用了20多个人就把生意打理得有声有色，一年的纯收入也达到了100万元。在这个时候，企业家却突然决定放弃之前的加工模式，转而开始进行技术研发，生产属于自己的产品。许多人都对他这样的决定感到惊讶，毕竟加工公司的生意还不错，收入也稳定，而且风险不高，完全适合追求稳定的创业者。

但是这个企业家认为加工公司并没有什么前途，虽然当前可以维持年利润100万元的规模，可是再过几年就会被市场淘汰，到那个时候他就无路可走了。而眼下如果自己研发产品，就可以把握住发展时机，为以后在行业内的发展铺路。虽然可能一开始不会盈利，甚至会面临高成本和亏损的风险，但是从长远发展来看，一旦公司步入正轨，拥有了自己的技术优势和品牌效应，就能够赢得更高层次的市场竞争，那么最终的收益可能会达到几亿元甚至是几十亿元的级别。这还只是一个保守的估计，企业家利用折现思维进行分析和计算，得出未来的价值经过折现后仍旧具有高于当前收益的价值，因此果断进行转型。

未来的东西虽然具有很多的不确定性，但更重要的是考虑折现率，这是对未来收益进行科学合理估值的一种方式，也是对不同投资模式进行对比的一个基本依据。因此在很多时候，不要轻易让未来的生活和选择受到现在选择的影响，争取把目光放得更长远一些。

选择变成专业人才，还是选择变成复合型人才？

在华为公司内部存在一种特殊的人才管理制度——岗位轮换制。很多员工在原岗位上工作一段时间之后，需要调到其他岗位上工作和学习，这样做一方面可以缓解员工的职业倦怠问题，另一方面能够提升员工的综合实力，从而更好地处理工作中遇到的问题。尽管华为公司并没有明确提到综合型人才和复合型人才的概念，但是岗位轮换制度或多或少都让员工变得“多才多艺”，比如很多市场部的员工会掌握更多的研发技术，而研发人员也会获得更多的市场营销技巧。有的人开玩笑说，华为的员工是技术领域内最擅长搞营销的，也是营销领域内技术实力最强的。

很多公司在招聘人才的时候，往往会增加一些额外的条件和要求，比如很多人会被要求掌握出色的计算机知识，同时具备一定的美术功底；一些IT行业会要求员工具备资源整合的能力，具备出色的表达能力和协作能力。这些公司在招聘人才时，除了要求员工掌握一些必备的专业技能，还需要具备一些附加的能力，希望员工具备各种强大而丰富的技能，可以一材多用。

这些情况是否证明复合型人才正在受到市场的青睐呢？是否意味着专业人才不再像过去一样吃香呢？关于这些问题，可以具体问题具体分析，需要针对每个人遇到的具体情况进行思考。

比如在20世纪80年代和90年代，很多企业在招收人才的时候，并没有一味强调岗位的专业性。由于企业的管理制度不够完善，很多员工都存在兼职的情况，一方面可能要跑市场，另一方面还要抓紧手头的生产工作，甚至有的人还要兼职财务。

随着管理的精细化和分工合作制度的流行，企业越来越重视流程化的操作。这个时候，企业非常看重专业人才的招聘，生产和研发部门会招收专业的研发人员和技术工，市场部会招聘销售能力强的销售员，财务部会从专门的财务会计专业人员入手。强化自己的专业性成为就职的一个重要方向。

而过分强调专业性往往也存在一些漏洞，比如市场的盲目性，市场上每隔一段时间就会出现专业热，类似IT热、财会热、教师热、医生热、装修热。可是当大家都盲目选择这些热门专业时，市场上的就业环境却已经变了，自己的专业在市场上已经饱和了，根本不需要那么多人，因此工作非常难找。

此外，过分强调专业性还存在一个硬伤，那就是很多专业技术的更新换代太快太强，自以为技术出众的专业人才，可能在几年内就会被淘汰，因此IT工作者被淘汰或者离职的情况非常严重。在其他一些专业性比较强的岗位上，人才更替的速率也很快。

但专业人才始终拥有一个天然的优势，那就是整体的需求量很大，每一个人都可以在社会中、企业中扮演属于自己的角色，每个人都可以成为社会产业链以及企业流程中的一个重要环节。对专业人才来说，专业本身就是最大的竞争优势，专业能力强的人，往往有更大的资本能生存下去。

所以专业人才以及复合型人才孰优孰劣并不是一个绝对的问题，对于很多人来说，专业性可以带来更大的生存优势，让自己成为优质人才，甚至成为不可替代的资源，但是这一类人首先要具备其他人不具备的技术优势，要在专业领域内做得比其他人好很多，如此才能将优势转化成为生存和发展的资本。对于有些人来说，自己的专业技能如果不具备太大的竞争优势，那么就需要想其他的办法来创造优势，最常见的一种策略就是“我成不了A领域中最出色的人，但是我可以成为A领域中最出色的B，或者成为B领域中最出色的A”。

比如有个人在技术方面拥有强大的实力，但是还不足以让他产生太大的技术优势，如果他可以在工作中掌握出色的文案设计能力，那么他在技术研发的工作中，就会因为同时掌握了两种能力而受到上司的器重。对于老板来说，一个人如果可以更好地进行技术设计，可以更好地制订研发计划，就能够为公司节省更多的沟通费用，毕竟那些技术出色的人如果不善于描述和表达产品，那么领导也无法理解他们究竟想要打造怎样的一款产品，不知道这款产品的设计是否合理。

对于任何一个人来说，选择成为专业人才，还是选择成为复合型人才，主要在于他们是否意识到了市场的需求，是否意识到如何将自己打造成重要的资源，甚至稀缺资源。专业人才与复合型人才本身并没有高下之分，要依据自身的情况来决定。当一个人的专业才能只能保持在中游水准的时候，要么就想办法提升自己，让自己晋升到上游水准；要么就选择丰富自己的其他能力，形成一个比较完整的资源组合，提升自己的价值。

因此，要想明确自己的角色定位，最重要的是要具备良好的经济学思维，懂得从社会需求、个人发展空间、资源稀缺性等多个方面进行分析，然后找到一个最适合自己的角色定位。

寻求新客户与留住老客户，哪一个更加重要？

对于任何一个企业或者商家来说，支撑其销售系统的必定是客户，而客户往往也可以进行分类，比较常见的一种分类就是新老客户之分。对于商家来说，自然希望可以挽留住老客户，确保自己原有的市场不会流失，同时又可以吸引更多的新客户，进一步扩大市场规模。不过对于很多商家来说，他们并没有精力去同时关注新老客户，或者说不可能按照同等的规格对待新老客户，毕竟销售资源以及资本投入都非常有限，无法在挽留老客户和吸引新客户方面同时进行较大的投入。那么商家究竟应该如何做出选择呢？是更加看重新客户，还是重点把握老客户？

想要明确这样的选择，就要从成本、收益等诸多方面进行考量。比如说成本，对于多数企业和商家来说，开拓市场是需要花费很大成本的，最常见的成本有广告费。在信息时代，动辄几百万上千万元的广告费无疑会成为商家的一笔大开支，通常这些投入并不是为了留住老客户，而是为了吸引更多的新客户，毕竟老客户对于产品的相关性能早就非常了解，而且有了切身的体验，根本不需要再通过广告来强化。除广告费之外，正常的市场运营也需要花很多钱，包括搞各种活动、设立办事处、进行市场调研、上门推销产品，以及一些用于强化市场竞争能力的基本开支。所以，商家花在新客户身上的时间和精力往往也是最多的。

在这一方面，商家维持与老客户之间关系的成本无疑要更低一些，首先广告费基本上都免了，也不用直接上门推销产品，不用花费太多的时间在维持关系上。由于双方在商品买卖中建立起了比较稳定的关系，彼此之间的沟通变得更加便捷、高效。

除了成本，新老客户带来的收益也是不同的，在此可以参照二八法则，商家在销售中获得的80%的收益都来自最重要的20%的客户，而这20%的重要客户，基本上都属于老客户，因为只有老客户才愿意给予大订单，才会在信任中提供给商家更多的机会。

许多经商的人都会发现，老客户往往才是创造盈利的主力军，对于那些大品牌企业来说更是如此，好的产品和品牌会带来更高的品牌忠诚度。就像很多人只喜欢喝可口可乐而不是百事可乐一样，只要进入商店，就肯定会选择可口可乐，这些人已经成了可口可乐的老客户。在信息大爆炸的今天，可供消费者选择的越来越多，商家的竞争压力也越来越大，只有那些受到消费者认可且拥有更多老客户的商家，才有更多生存下去的机会。任何商家都在想方设法地吸引新顾客，而吸引新顾客的最终目的就是将他们变成老客户，老客户会带来稳定的销售量，会带来稳定的效益，会带来更多的发展机会。

艾小姐开了一家韩流服装店，几年来的生意都非常好。由于服务态度好，产品款式比较新颖，艾小姐积累了一大批忠诚度很高的老客户，每次有什么新产品进店，艾小姐只需要在朋友圈里发几张图片，就会有大量的老客户前来咨询，并且基本上到店就提走衣服，根本不用花费太多的时间和精力。而那些新顾客经常会挑来挑去，在款式、颜色、材质、价格等方面来回周旋。艾小姐做过一项调查，发现自己平均花费在每一个新客户身上的时间为1.3个小时，而花在老客户身上的平均时间还不到20分钟。

不仅如此，艾小姐还做过一个调查，发现自己每一次为了吸引新客户而做的促销活动，只能带来30%的销量提升，扣除优惠之后，只能提升15%的盈利而已。而在给予老客户优惠的时候，虽然优惠的幅度更大，但是销量常常能提升50%以上，盈利也会增加30%以上。对于艾小姐来说，她虽然也希望自己可以获得更多新客户的青睐，但还是喜欢将更多的时间和精力花在老客户的身上。维持和老客户的关系也是营销的重点，毕竟很多新客户都只是做一次性生意，一件衣服挣了200元，可能这个新客户带来的最终收益就是200元；而老客户是持续的，一个老客户可能会十几次、几十次从店里购买衣服，积累的收益往往会成千上万。

无论是从成本消耗，还是最终的收益来看，新客户都没有老客户那样具有吸引力。换句话说，如果商家不能挽留住自己的老客户，那么它对于新客户的吸引力很快也会消失殆尽；如果商家将全部注意力放在新客户的吸收上，恐怕商店也无法长久维持下去。因为新客户始终都是不确定的资源，属于流动资源的一部分，这些流动资源的不稳定性可能会轻易摧毁商家的销售和盈利。因此在选择新老客户的时候，商家还是应该擦亮眼睛，坚持以老客户为主，坚持培养老客户的品牌忠诚度。

囚徒困境下的抉择：合作还是背叛？

美国一家出租车公司的员工因为薪水问题准备进行罢工，公司里的几个部门打算一同罢工休业，给公司的管理者施加压力，逼迫对方同意员工提出来的加薪条件。可是在罢工开始的那一天，只有不到一半的人参加了活动，原因很简单，大部分出租车司机都明白一个道理，当更多的司机参加罢工活动时，道路上的出租车就会减少，那么没有参加罢工的司机就可以拉到更多的顾客。部分出租车司机意识到当自己采取背叛同伴的策略，就可以获得更多的效益时，对他们来说，与其花费大量成本（时间、精力、放弃生意）来罢工，还不如趁着这个机会多拉几个客人来得实惠，何况罢工也不一定会让出租车公司屈服，到时候可能白白浪费了时间和精力。

而另外，为了诱导部分司机“叛变”，出租车公司很早就设定了一种机制，即当市场上的用车需求量增加，且明显超出了出租车司机所能承受的数量时，就会启动“浮动定价”，每公里的收费会上升，公司分给司机的提成也会增加，这对那些不参加罢工的司机来说，具有很大的吸引力。

其实，对于所有的出租车司机来说，这是一个类似“囚徒困境”的博弈。囚徒困境说的是两个罪犯被分别囚禁在不同的监狱里进行审讯，两个人之间无法进行交流，因此根本没有可能串通，更不清楚对方的具体想法，因此在审讯的过程中可以选择“坦白罪行”和“拒不承认罪行”。如果两个人都坦白的话，他们都将获刑8年；如果两个人都不承认罪行，由于证据不充分，他们将各自获刑1年；如果其中一个人坦白，而另一个人不承认，那么坦白的人将当庭释放，拒不承认的那一个人将获刑10年。

每一个罪犯都会意识到如果两个人都不承认罪行，那么由于证据不充分，两个人最多在监狱中待上1年。可是在不清楚彼此的想法时，每一个罪犯都会担心当自己不承认罪行的时候，对方会直接选择坦白，这样一来对方就可以被释放，而自己将会获刑10年。所以为了保险起见，两个人基本上都会选择坦白。

囚徒困境在经济学中也有很重要的指导意义，许多经济学现象本身就存在囚徒困境，比如管理者在处理与员工之间的矛盾，或者下达一个容易被反对的任务时，可能会利用员工之间的信息不通畅进行分化管理，从而让员工处于一种彼此防备的状态，这样反而有助于管理者更好地管理团队。企业之间在进行价格战的时候，往往也会产生类似的博弈，在彼此之间缺乏沟通的时候，由于担心其他企业会率先降价，企业往往会通过先降价的方式来提高自己的销量。

比如市场上有几个商家都在出售榴梿，为了确保大家的效益最大化，最合理的方式就是大家坐在一起商谈稳定价格的事情，这样就可以更大限度地提升效益。可是在缺乏沟通且担心稳定价格会影响销量（对市场需求不够了解）的前提下，商家往往会对自己的营收情况进行分析：如果大家都不降价，自然会获得最大的效益；如果大家都在降价，那么效益就会减少，但是由于销量会增加一些，收益缩水不大；如果一方坚持原有价格，其他商家则偷偷降价，那么其他商家的生意会越来越好，稳定价格的商人将会遭受重大损失。在不确定其他商人会不会进行降价的情况下，各个商家肯定会选择降价策略，因为这是最稳妥的办法。

囚徒困境实际上是理性人做出的一个效益并非最高的决策，参与博弈的人虽然都在想方设法地追求个人利益的最大化，至少他们做出决策时最先考虑的一定是如何保证自己的利益最大化，或者说都主张追求以个人利益为先，可是在片面追求个人利益最大化的过程中，恰恰容易形成相互制约的局面，这个时候，参与博弈的各方反而会陷入困境。

这是社会机制下的一个常态，人们通常都会因为迫不及待地想要实现自身利益的最大化，而做出损人不利己的决策。许多人会单纯地认为这是一个信息沟通不畅引起的“事故”，但假设所有的商家事前都进行了沟通，商定所有的榴梿都不能降价，那么就一定不会出现背叛者吗？不一定。每一个商家都是理性人，都是追求个体利益最大化的理性人，他们同样会产生“降价就会带来销量”的想法，因为这其中涉及很多不确定因素。比如有的商家手里的榴梿很多，卖不掉的话就会烂掉，其他量少的商家自然可以保持价格稳定，但是自己存货那么多，一旦打不开销路就会错失挣钱的机会，因此必须适当降价。又或者有的商家平时缺少市场和客户，品牌也不够响亮，用同等价位卖榴梿，销量上肯定会吃亏，这个时候，他觉得保持高价位绝对不是一个好主意。实际上，虽然信息沟通可以有效打破囚徒困境，但那只是在理论层面的行为而已，现实生活中的情况通常要更加复杂一些。也许所有的商家需要成立一个商会，并约法三章，也许需要制定一些特别的规定：谁偷偷降价的话，就要罚款处理。但是商家是否愿意签订类似的规章制度呢？其他在条文之外的商家是否会趁机打乱市场部署呢？一切都是未知数。

无论如何，对于任何参与博弈的人来说，在追求个人利益的同时，更应该了解和分析他人的处境，然后做出最佳的选择，谨防陷入囚徒困境。

千人千面的不完全信息博弈

在动物世界中，有一种非常奇特的鸟类——天堂鸟。其中，雄性天堂鸟往往拖着一条又大又长的尾巴，这条尾巴通常用来吸引雌性天堂鸟，雌性天堂鸟在择偶时会有意挑选那些拖着更大更长尾巴的异性。但从生存的角度来说，雄性天堂鸟的尾巴就像是一个大累赘，极大地增加了它们被捕食的危险，其实双方都了解这一点。既然如此，为什么雄性天堂鸟还要依靠尾巴吸引雌性呢？生物学家认为，雄性天堂鸟之所以选择炫耀自己的尾巴，很大程度上是在向雌性天堂鸟释放一个信号："我的尾巴是一个大累赘，但我依然活得好好的，这证明了我拥有强大的生存能力。"

这种独特的信号释放方式，在经济学中也比较常见，比如在不完全信息博弈中就存在一种信号释放模型。假设有一个厂商率先进入了某个市场，并且在经营市场的时候获得了很大的利益，这个厂商的成功自然会引起很多人的关注，一些自认为有实力的厂商也会进入市场，希望能够分一杯羹，打破对方的垄断地位，甚至将原来的领头羊厂商从市场里赶出去。在面对竞争者的挑战时，原先的垄断者应该怎样去做呢？最直接的方法就是打价格战，通过持续不断的降价来击垮对手，让对方无利可图、知难而退。这就是一个非常明确的信号："即便是这么低的价格，我同样也可以生存下去，因为我是低成本的商家，而你到底能不能承受低价竞争呢？”

在不完全信息博弈中，参与者并不清楚其他参与者的信息，但是仍旧有一些信息片段值得参考，比如对方之前的表现，和对方以往的博弈经验，对方表现出来的一些特征和暗示。通过这些信息片段，参与者依旧可以对他人的想法和信息做出猜测、判断。比如在打牌的时候，人们对于其他人手上的牌是不清楚的，通常也不可能完完全全地猜测出其他人手上是什么牌，可是从自己手上的牌以及出掉的牌上进行推理，得出其他人手上可能存在什么牌，再加上其他人不断出的牌，人们就可以随时修改自己的判断，甚至大致得出一个结论，这个结论未必一定正确，但具有一定的概率。因此，不完全信息静态博弈的定义就是，某一个参与者不完全了解另一个参与者的所有特征，不知道某一参与者的真实类型，却知道每一种类型出现的概率。

很多人都会发现一些优秀的大公司往往拥有很高的负债率，这一点在房产公司比较常见，诸如万科、恒大、碧桂园、万达，都是高负债率的公司，很多企业的老总都有几万亿元的银行贷款。听起来似乎非常矛盾，这些优秀的公司拥有更高的收益，拥有更加完善的运营体系，拥有强大的竞争优势和市场，为什么还会保持高负债率呢？其实是为了塑造不同类型的企业，一方面它们是最优秀、高质量的企业，拥有强大的盈利能力；但是另一方面则四处借钱，造成高负债率的形象。这样做的目的很明显，就是为了向其他竞争对手释放一个信号：“我到处借钱，负债率那么高，却仍旧在挣钱，仍旧成了行业内的翘楚。”另外一个信号可能就是：“你想要像我一样做大做强，恐怕要背负高负债率。”无论是哪一种信号，都会对新进入市场的竞争者产生威慑，新进入的竞争者也许会对市场行情、行业发展情况以及原有的市场引领者做出错误判断。

在竞争中，不完全信息博弈是一种有效的竞争策略，参与竞争的一方往往会巧妙地利用相关信息来进行隐藏，给自己包装出其他的类型，从而误导对方的行动。在合作中，不完全信息博弈同样可以起到类似的效果，就像雄性天堂鸟吸引雌性天堂鸟一样，它会给自己设置不同的类型来引导对方相信自己。很多公司同样会利用这样的方式实现强强联合，最明显的就是京东商城最近几年一直都在亏损，但还是有许多企业愿意与京东进行合作，因为京东的潜力、现金流、商业布局都是行业内顶级的。一些企业家在吸引外界的关注与更多的投资时，会刻意强调一点："我什么也不懂，什么也不会，我只是坐在这个位子上罢了，一切都是因为团队成员做得出色。"人们就会意识到"这样差劲的领导者也能带好公司，可见这家公司拥有强大的团队和出众的技术底蕴"。

不完全博弈策略为人们提供了一种比较实用的经济学策略和思维模型，那就是尽量塑造出不同类型的自己，并且刻意将"坏"的一面呈现出来，通过"坏"来反衬出自身强大的优势。这是对自身资源的一种巧妙利用，可以有效提升自己的优势，从而为自己赢得更多的发展机会，与此同时，人们不需要花费更多的资源来威慑对手或者说服对手。

对于企业或者个人而言，想要保证不完全信息博弈策略完全起效，就要确保信息不会被对方全部知晓，而且在不断博弈中，个人所表现出来的某种类型会越来越明显，被分析的概率会越来越高，因此参与博弈的一方需要进一步引导对方做出有利于自己的判断。

其实，在动物世界中，相比雄性天堂鸟的做法，羚羊的策略无疑更加高明，一些强壮的羚羊为了让狮子放弃追捕自己，经常会故意在狮子面前慢悠悠地跳着来回前进，狮子也会盯上这些"动作笨拙"的猎物，可是当狮子展开追捕的时候，就会发现这些羚羊奔跑的速度太快，自己根本追不上，只是白白浪费力气。第二次、第三次、第四次，羚羊还是会在狮子面前慢悠悠地跳着，而狮子依然无法捕捉到羚羊。久而久之，狮子也就强化了这样一种印象：“越是慢悠悠跳着的羚羊，越是不好捕捉。”为了不浪费体力，狮子只能另外选择目标，而那些强壮的羚羊至此基本上再也不会被狮子捕捉了，它们不仅在狮子的每次围猎中得以保存体力，生存也得到了保障。可以说羚羊以最小的代价换得了生存的最大效益，这样的策略无疑对每一个人都有很好的参考价值。

做好风险型决策：期望值决策法

在做出各种选择和决策时，常常会在分析收益之余，对风险加强控制，这种分析和控制往往需要更加科学合理的方法。其中一种方式就是对该决策或者方案可能发生的收益与损失进行分析（通常是最大收益与最大损失），分析获得收益以及面临亏损的概率是多大，然后看看是否值得自己投资。

比如某人准备投资一个项目，项目的潜在收益为100万元，可是亏损也可能会产生100万元（投资的成本），考虑到投资该项目获益的概率为50%，那么也就意味着自己有一半的可能获得100万元的收益，也有一半的可能亏掉100万元的成本。这样的项目显然不值得投资，因为风险太大。

如果这个项目的潜在收益为100万元，但是获益的概率为20%，而潜在的亏损为20万元，亏损的概率为80%，那么这个项目是否值得投资呢？在面对这样的问题时，就需要对期望益损值进行计算，即100×20%+（－20）×80%=4。通过计算可以得知，这个项目仍旧值得投资，但是具体还是需要因人而异，毕竟这个期望值并不大。

对于期望益损值进行计算是风险决策中非常重要的内容，也是经济学思维中的重要方法，属于投入产出分析方法中的一部分。不过现实生活中，有关风险决策的问题可能要比单个项目的分析更为复杂，因为人们可能会面临多重选择，会遭遇几个不同的风险决策。这个时候，如何在不同的项目和选择中进行取舍，就需要更加复杂的分析模式和更加科学的计算模式，其中一种有效的方式就是使用期望值决策法。

期望值决策法是指人们拥有多个方案，在不确定该使用哪一个方案的时候，可以计算各个方案的期望益损值，然后以此为依据，选择平均收益最大或者平均损失最小的方案作为最佳决策方案。在这种决策方法中，决策者需要将不同选择的损益情况、概率分析全部计算在内，确保相应的计算结果足够合理。

某工厂准备扩大生产规模，增加一些生产线，工厂制定了3个扩增方案：第1个方案是增加3条生产线，产品销量好的话，就会产生300万元的盈利，如果销量不好，可能只会产生60万元的亏损。第2个方案是增加2条生产线，产品如果卖得好，可以拥有200万元的盈利，如果销量不好，也有20万元的盈利。第3个方案是增加1条生产线，如果销量很好，就会增加100万元的利润，如果销量不好，还有40万元的盈利。工厂已经对市场做过调查，再加上自身产品的质量与品牌影响力，产品销量好的概率为80%，销量差的概率基本上只有20%。

那么，接下来可以对3种不同方案下的期望收益值进行计算：

第1种方案的期望收益值：300×80%+（－60）×20%=228。

第2种方案的期望收益值：200×80%+20×20%=164。

第3种方案的期望收益值：100×80%+40×20%=88。

经过分析对比，第一种方案的期望收益值最高，因此它是最优的方案。

期望值决策法有时候包含了对某一项目不同可能性的分析，这种综合分析本身会拿出来与其他项目进行对比，从而确定哪一个项目更加值得投资。

比如某家公司准备展开一个研发项目，而公司面临着两个选择，第1个是直接放弃这个项目，这个时候潜在的收益与亏损都为0，期望值自然也等于0。第2个选择就是开展这个项目，而研发项目获得成功之后，将会出现产品销量“好”“一般”“差”3种状况，每一种状况的对应情况是：销量好时，产品盈利为120万元，概率为1%；销量一般时，产品盈利为60万元，概率为59%；销量差时，产品亏损80万元，概率是40%。

那么展开这个研发项目的期望值就是：$120\times1\%+60\times59\%+(-80)\times40\%=4.6$。经过分析，证明这个项目的期望值为4.6，而不进行研发，期望值为0，因此投资这个研发项目比放弃这个研发项目要更好一些。

在面临很多风险的选择时，期望值决策法都是比较理想的思维模式和计算方法，但它不一定就是完全正确的，因为人们对于概率的分析可能本身就会成为最终决策的依据。就像一个人有50%的机会挣到100万元，有50%的机会亏掉100万元时，可能会采取冒险行动，而不会选择一个有80%概率挣到5万元，但有20%亏掉5万元的项目。对于很多风险爱好者来说，潜在的100万元收益是远远要比5万元更加吸引人的，他们不会去做一些盈利概率高达90%的小本生意，而选择那些亏损风险高达40%以上的大投资。在具体分析的时候，人们不一定非要按照期望值决策法进行计算，毕竟每一个人都不可能成为绝对意义上的理性人，或者说每一个人都不可能是完全理性的，人们对于风险的判断有时候是超过理性范畴的，而潜在的收益可能会让人们在一定程度上忽略掉概率的影响。不过无论如何，期望值决策法都是一种比较科学的决策方式，它至少为人们提供了一种相对合理的分析方法和决策方法，而那些善于运用这一方法来应对经济生活中出现的各种选择的人，往往也能够更好地对生活和工作做出合理规划。

产品的价格是由什么决定的：客观价值论与主观价值论

一双耐克球鞋能够卖到几千元甚至几万元的高价，在球鞋收藏界，有些耐克鞋会被炒到几十万元甚至几百万元的高价。有人说这是因为耐克鞋的技术含量很高，从球鞋的设计、内部芯片的设置、材料的运用以及强大的性能，都可以看出耐克鞋比市面上的其他运动鞋要高出一个档次。这个人提出来的观点就是客观价值论，它强调的是产品的客观价值所在。当然，也有人认为耐克鞋本身的技术优势并不那么绝对明显，阿迪达斯、安德玛之类的品牌同样具有强大的技术做支撑。耐克鞋之所以可以卖得更贵，更重要的就是品牌效应，大家觉得耐克就是运动品牌的代表，觉得耐克鞋穿在脚上就很时髦，像诸如乔丹球鞋、科比球鞋、詹姆斯球鞋，都有强大的明星效应，大家认可耐克、喜欢耐克，自然就会认为耐克鞋高出一个档次。

还有一些东西是客观价值论没有办法解释的，只能用主观价值论进行解读和分析。明星穿上一件衣服，这件衣服可能会被卖到几千元，但是普通人也穿上了这件衣服，衣服的价格可能只有几百元。同样的一件衣服却可以卖出不同的价钱，就是因为人们认定衣服的主观价值不一样。一张旧报纸，可能很多人直接将其丢进垃圾桶里，而有的人愿意小心翼翼地将其保存起来。对于丢弃者来说，旧报纸根本没有任何价值，这是客观存在的事实，但是对于保存者来说，收藏旧报纸作为一种爱好是可以产生价值的，这就是主观价值论的解释。

对于客观价值和主观价值，许多人都存在误解，觉得客观价值更加重要，毕竟客观存在的使用价值才能够体现出产品的价值，但实际上价值往往不会客观存在。比如一件产品被生产出来，如果市场上没有人买，那么这个产品的性能再好，也不能产生任何价值。只有被人需要、被人购买，产品才会形成具体的价值。需求是主观的，因此产品价值的形成更容易被主观价值论所影响。

在过去，人们会认为只要一件产品被生产出来，只要人们在这个产品中投入了时间、精力、技术、资金，那么这个产品就会有价值。从市场经济供求关系方面来讨论，一件产品最终面向的是市场，是消费者和市场赋予了产品更多的商品属性，提供了最基本的需求导向，才让产品拥有最终的价值。许多企业在生产中会强调产品的制造数量，强调自己的投入，厂房建立起来之后，招聘了大量的人才，生产了大批产品，就算是积累了财富，但实际上在真正的商品经济体系中，产品只有参与了市场流通，进入消费者的手中，才算是真正产生了价值。这种以市场需求为导向的模式往往可以更好地引导企业发展，它可以避免人们被单纯的客观价值论捆绑，从而更加合理高效地指导企业的生产。

比如一家公司拖欠了另外一家公司的货款，为了还款，这家公司准备将自家的产品拉出去抵债，按照这家公司的估计，这批产品的市场价值应该有200万元。对于另一家收取债务的公司来说，他并不觉得这些产品值那么多钱，消费者也许不认可这批产品，也许觉得这些产品只值100万元，毕竟产品没有进入市场流通，所有的估价都不是绝对合理的。从某种意义上来说，这样的一堆产品，在卖出去之前其实和废品没什么两样，根本不具备什么价值。同样，一幅名人字画被人从2000元的成本价炒热到30万元的高价时，有人真的愿意花30万元买下这幅画，才能表明这幅画真的值30万元，如果没有人购买，那么这幅画的价格就永远停留在2000元左右。

又比如一件产品在生产出来之后，它的客观价值基本上都是确定的。经过计算，在这个产品中投入进去的所有成本为100元，那么定价可以为120元、150元，或者180元，这需要由市场上的需求来决定。有的人会花150元买它，有的人不介意花费180元购买这样的产品，有的人可能会觉得这样的产品并不是生活中非常需要的，因此只愿意花费120元的价格去购买它。如果有人觉得这个产品很有纪念价值，送人的话非常有意义，那么他就愿意花500元去购买它，具体的价值都是在购买以后产生的。就像一个只值2元钱的普通苹果，在圣诞节和情人节时可以卖到10元一个，这是因为有很多消费者觉得这样的苹果有特殊的意义。当购买需求产生之后，价值就被凸显出来了。总而言之，任何一件商品只有进入了市场，迎合了消费者的具体需求，才能产生具体的价值，而那些不善于挖掘需求的人，可能就会按照客观价值来定义自己的产品的价值，这样往往无法保证收益的最大化。

客观价值有很大的作用，但主观价值往往才是决定产品价值的关键因素，因为产品在流通过程中所产生的商品属性会赋予它一些具体的价值。人们在销售产品的时候，可以最大限度地赋予产品更多的主观价值，从而确保自己可以获得更大的利润。不过在多数时候，主观价值不会过度偏离客观价值，或者说，它本身是和客观价值联系在一起的，两者共同构成了产品的价值。无论是奢侈品、古董、艺术品，还是一些稀缺物品，都具备一定的资源优势，这些资源优势不完全是消费者或者卖家构想出来的，它必定建立在客观价值的基础上。就像一双耐克鞋可以卖到2万元的高价，但是一双普通的布鞋是无法突破200元的价格的，因为产品中所拥有的客观价值还是存在一定差距的，消费者其实也有自己的判断。

第八章

生活中不得不说的那些经济学现象

为什么一到节假日高速就拥挤不堪？（公用地悲剧）

在中国，无论是公路还是铁路，几乎都是世界上长度最长的，而且国家每年都会投入大量的人力和物力修建新的公路和铁路，完善交通系统。但有一个问题是，道路越修越多之后，交通状况并没有得到太大的改善，一到节假日，全国各大公路仍旧是堵成一片，铁路系统也面临很大的压力，很多人都在疑惑为什么一到节假日的时候，道路就会变得拥挤不堪。

这里涉及一个经济问题，那就是高速免费。到了节假日的时候，各大高速都是免费开放的，这时大家都会不约而同地选择开车走高速，无论是外出旅行还是回家探亲，都会一窝蜂地挤在高速公路上，最终导致大家都无法顺利出行。高速免费开放为那些打算出行的人提供了经济上的便利，由于不需要为高速公路的使用支付任何费用，人们会肆无忌惮地侵占高速公路这种公共资源。而原本为居民出行提供便利的高速公路，就在节假日的时候成了让人窝火的交通系统。

大家如果仔细观察就会发现，类似高速公路免费开放造成的不良影响，在社会中非常常见。比如某地准备进行老区改造，一些有钱人为家乡的老旧小区免费安装了电梯，结果电梯很快就被用坏了，很多人平时并不注意保养和维修电梯，还经常超载运送家具。后来富豪再次往小区捐赠电梯时，要求每一户家庭每个月都要提供一笔维修费，这个时候电梯的使用寿命得到了极大的延长，小区里再也没有出现过超载使用的情况。又如，某地在暑期来临的时候免费为附近的居民提供了绿豆汤消暑解渴，可是一段时间之后，这项公益活动就被迫取消了。因为管理者发现，附近很多的居民不是过来喝两碗绿豆汤那么简单，而是拿着水桶来装，并且绿豆汤经常被洒得满地都是，一些将绿豆汤装回家的人也常常会随随便便就浪费掉，可以说有少部分人直接浪费了绿豆汤，导致多数人根本没机会喝到。

对于这一类现象，社会学家加特勒·哈丁早在1968年就发现了类似的现象，他在《科学》杂志上发表了一篇名为《公用地悲剧》的文章，文章的内容大致描述了公共资源在自由使用的过程中出现的悲剧性结果，这个悲剧性结果就是公共资源的最终枯竭和消亡。按照哈丁的观点，当公共资源到了可以自由使用的地步时，它们将很快消失。

哈丁在文章中特意谈到了牧民与草场的案例。某地的草场一直都是免费开放的，牧民们可以自由地将牛羊赶往草场，但是草场的面积和放养承受能力是有限的，一旦牛羊的数量达到了一定程度，比如说有500只，那么再增加牛羊的话，就会有一些牛羊开始吃不饱，而且草场会开始退化（草的生长速度赶不上被消耗的速度），直到最后再也长不出草来。对于这一点，所有的牧民都心知肚明，他们也知道牛羊太多的话，自家的牛羊根本吃不饱，可能产奶量和生长也会受到一定的影响。但问题在于每个人都清楚地意识到自己必须尽可能增加自家牛羊的数量，因为增加一头牛或者一头羊带来的收益远远要比牛羊身体长得慢或者牛羊产奶量下降的收益更大，因为下降的那一部分收益是平摊的（理论上每一头牛或者每一头牛的产奶量下降），而增加的那一头牛或者羊的效益却是自家实实在在独有的。正因为如此，大家都在千方百计地增加牛羊的数量，同时期待着有人会因为牛羊喂不饱而提前撤出，以便将牛羊数量控制在合理的范畴内。

在大家都肆无忌惮地侵占和消耗公共草场的时候，牛羊的数量很快就达到了500只的极限值，然后继续增加到501只、502只，一直增加到600只，当草场不堪重负的时候，大家仍旧会毫不犹豫地增加到700只。终于某一天，这片草场再也长不出草来，再也不会有人在这里放牧了，这片草场带来的收益最终变成了0。

公共草场从为牧民提供收益到收益最终为0，实际上体现了所有公用地的悲剧性结果，而产生悲剧的关键在于所有参与者都在盲目强调自己的利益最大化，都在努力让自己获得更大的收益。使用资源的人都明白，如果别人多占用了一份公共资源，就意味着自己少使用了一份资源，但他们忽略了资源的有限性，参与使用资源的人一直都在相互影响。将这一切和公用物品、私人物品的定义相关联，经济学家认为公用物品具有非排他性与非竞争性，简单来说就是谁都可以消费和使用这些公用物品，并不存在"我用了别人就不准用"的情况，而私人物品具有排他性和竞争性。正是这些非排他性和非竞争性，才使得公共物品很容易被消耗过度并导致资源枯竭。

在应对公用地悲剧的时候，国家通常很难出台一些卓有成效的措施，因为公共物品和公共资源的属性决定了政府或者相关的机构很难对其进行有效干预。但也不是完全无法干预，比如很多渔民会过度捕捞河里或者海里的鱼，这样就导致了鱼的种类和数量都在下降，为了避免大家都过度捕捞，国家会出台一些禁渔措施和制定休渔期，规定每年的某一时间段不准捕鱼，以便让鱼得到休养生息的机会。当然，许多人也许会提出一些极端的强制方法，比如对公共资源的使用设置各种障碍，这样就可以有效控制公共资源的过度消耗，但这些障碍设置往往会引发反公用地悲剧的现象。

比如某地政府开放了一片公共草场准备让大家免费使用，可是草场周围有一片农田，农田的使用者认为牛群大量进入草场，会很容易毁坏田里的庄稼，因此不允许放牧者进入。第二个人认为这片草场是自己几年前播草种形成的，自己应该享有使用权，至少是享有优先使用权。第三个人认为这片草场中有一部分土地是自己所有的，此前并不在意，但是现在既然开放了草场，自己理所应当地拥有使用权。最后一个牧民认为这片草场之所以能够如此茂盛，是因为它一直在使用自家池塘里的水，按道理来说，这片草场算得上是牧民养活的，其他人不应该在这个时候出来抢占资源。当所有人都反对其他人侵占草场时，草场的使用权也就发生了纠纷，最终导致谁也无法安心地在草场里放牧。

无论是公用地悲剧还是反公用地悲剧，都是资源分配和归属的不确定性引起的，想要解决这些问题就需要相关部门和机构进行合理配置，进行更为高效的分配，确保所有的资源可以在一种可持续状态下被分配和利用。当然，合理的分配方式需要建立在一定的规则和道德机制下，才能成功实施。

免费的午餐往往是最贵的

有一对兄弟非常爱车，两个人都希望能够获得一辆宝马车。某一天大哥在公司的抽奖活动中抽中了一辆宝马5系，弟弟则花费了几年的工资购买了一辆宝马5系。8年过后，大哥的车子就已经破旧不堪，市场价值甚至不足5万元。不仅如此，由于他平时不注重保养和爱护，车子的很多零件都被更换过，还多次出现了事故，油费、保养费、维修费、赔偿费，林林总总加起来的成本消耗也已经超过了70万元。而弟弟的车子因为保养得当，还能被卖到18万元的价格，而且他多年来的良好保养习惯使得车子并没有经历过什么大修，耗油量也很正常，每年的支出都控制在2.5万元左右。

某生产商决定为顾客提供两种不同模式的服务，第一种是免费赠送产品给客户，第二种是出售产品，然后免费提供维修和升级服务。结果很多顾客都选择了第一种消费模式，价值3000元的产品直接免费到货。可是使用一年之后，大家才发现，该产品每隔一两年都需要进行升级，而每一次的保养和升级都需要700元左右的费用。那些直接购买产品的人，公司会免费提供5年的保养和维修，以及5次免费的升级。

很多银行每年都会免费为消费者办理信用卡，甚至还会为每一个办卡的人提供一些小礼品，比如价值200元的保温杯，价值100多元的小电器，或者一些生活日常用品。问题在于很多人开通和激活了信用卡之后，就开始进行透支消费，并且需要偿还越来越多的利息，这些消费以及利息远远超过了他们平时的开销。

以上几个案例实际上都指出了一个道理，那就是免费的东西往往是最贵的。这里的“免费”有多层含义，第一层“免费”指的是产品免费，但是服务并不是免费提供的，而且往往会很贵。第二层“免费”只是某些人不用为此支付费用，但是更多的人可能会为此付出更高的成本。第三层“免费”是产品本身是免费的，但是想要让产品发挥基本的价值，那么就需要其他辅助设备，而这些辅助设备是需要花钱购买的。第四层“免费”是指当前购买和使用的东西不用花钱，但是因此而产生了很大的机会成本。

从经济学的角度来说，免费本身就不是一个绝对的定义，它更多的是一种狭隘的（某一范畴内）的成本控制，在该物品之外的其他东西上，可能存在比较大的成本消耗。消费者免费获得了一张50元的优惠券，但是商家可能会告知消费者这张优惠券只适用于那些价格在1000元以上的产品。因为一张50元的优惠券，就需要购买价值上千元的产品，这一免费产品的代价实在不小。换句话说，这个世界上本身就不存在绝对免费的东西，当人们得到一件免费的物品时，必定会产生相应的成本消耗。有人打趣比尔·盖茨，认为他在走路时如果遇见地上掉了100美元的钞票，也不会弯腰去捡，因为在他完成弯腰捡钱的这个动作时已经有足够的能力创造高于100美元的收益，所以他捡钱的收益比产生的机会成本要小，也就是说他弯腰捡钱是亏损的，所以机会成本太大了。很多时候，当人们去接受或者获得一件免费的物品时，可能会因此产生更大的机会成本，比如他可以花同样的时间在其他事情上创造更大的价值，或者可能会因此错过其他更好的选项。

免费在很多时候更像是一种经济学领域内的诱饵，目的就是让人们在免费的幌子下受到迷惑，比如有些老太太经常会获得商家免费赠送的一些小电器，但是如何让这些小电器运转起来却成了难题，因为小电器需要进行合理安装，需要通过特定的设备来激活，还需要进行调试，并且购买相关的产品进行联合使用，而这些明显都需要通过商家来完成。由于之前没有付费，那么在一系列后续的激活和操作中，老太太就需要支付给商家一大笔费用，这些钱可能远远超出了正常的开销。相比之下，那些需要付出成本的东西往往更为合理，人们会更加珍惜和爱护那些花费成本购买到的东西，能够谨慎合理地支配该物品，延长物品的使用寿命，并且认真对待使用过程中的每一个问题，想办法将其效用发挥到最大。为价值付费是一个必要的经济流程，也是个人生活中不可或缺的一部分，这种付费是一种正确的消费观。

首先，付费本身就是价值交换的一种形式，在这个过程中交易双方的地位是平等的，甚至消费者会占据更高的地位。为一个东西付费之后，人们就有了最基本的知情权，就享有对等的服务，可以在消费中拥有更多的主动权，东西坏了可以找对方维修或者索赔，可以在交易中心提出更多的要求，可以为自己的消费获得一个最基本的保障，而不是在免费的陷阱中被人牵着鼻子走。

其次，付费有助于帮助买卖双方建立起稳定的关系，无论是买方还是卖方，都能够建立起更为持续的合作关系，而且彼此之间的信任感会增强，这有助于买方获得更好的服务，在往后的消费中，买方所消耗的成本可能会越来越低。

因此，如果人们懂得如何算一笔经济账的话，就不要轻易被那些免费的东西所吸引，无论是免费赠送的小礼品，还是免费获得的收益，都有可能会让你付出更大的代价，毕竟免费的只是单纯的一个产品，但这件产品背后潜藏的价值则是昂贵的。正如经济学家罗塞尔·罗伯茨所说：“经济学是看待世界的一种方式，它不断提醒我，世界上没有免费的午餐。走哪一条路都意味着放弃另一条路，而这可能会让我们最终感到遗憾。没有后果与代价的世界是一个没有选择价值的世界，没有责任的世界不是成人的世界——是动物、孩子或机器的世界。”

猪肉的价格涨了，牛肉和鸡肉的销量会大涨吗？

在日常生活中，猪肉是一种价格比较普通的肉类，基本上都在15～25元一斤，在猪肉供应短缺或者猪瘟严重期间，每斤猪肉则会涨到三四十元以上，这样的高价让很多普通家庭都对猪肉敬而远之。

而一个奇怪的现象是，每当市场上某种物品出现短缺时，可能会引发抢购潮，“非典”期间，很多人抢价格飞涨的板蓝根和醋；新型冠状病毒肆虐期间，大家开始抢天价口罩；日本核泄漏期间，大家抢价格上涨的盐；洪灾到来的时候，人们又抢着购买价格翻倍的水。那么当猪瘟来袭且猪肉的价格不断上涨时，为什么人们没有出现排队抢着买猪肉的情况呢？原因很简单，猪肉并不是人们日常生活中不可或缺的资源，也不是一种不可替代的资源。当猪肉上不了餐桌的时候，人们可以选择吃鱼、吃牛肉、吃羊肉、吃驴肉、吃鸡肉、吃鸭肉，或者也可以选择海鲜，在这里的牛肉也具有很强的资源替代性，或者说它的替代效应比较强。而在其他类似的社会事件和灾害中，类似板蓝根、水、盐等资源基本上都是不可替代的，至少人们觉得它们不可替代。

比如在“非典”期间，人们因为受到谣言的影响而认定板蓝根可以预防“非典”病毒的侵害，认定它比很多药物更加有效也更加安全，那么对于普通民众来说，板蓝根就是一种绝佳的药物，是不可或缺也是不可替代的，或者说人们想要找到合适的替代品需要付出的代价太昂贵了。又如在洪灾肆虐期间，由于整个城市的淡水供应系统被破坏，淡水资源受到了很大的污染，所以干净的安全的水资源几乎就是人们的救命物资，如果没有纯净的淡水，很多人连3天也支持不下去，它可不是食物可以替代的。

猪肉不一样，它有很多种类的替代产品，替代效应非常明显。替代效应是指一种商品的价格变动会引发同类商品的相对价格发生变动，这样就会导致消费者在保持效用不变的前提下，产生商品需求量的变化。就拿猪肉来说，平时的一斤猪肉可能也就十几元左右，人们并不会觉得很贵，此时的牛肉是40多元一斤，一斤牛肉可以换到2斤猪肉，当涨到了40多元的价位上时，已经和牛肉的价格不相上下了，因此人们肯定会放弃猪肉，转而吃牛肉或者鸡肉。

理论上来说应该是这样的，但问题在于很多人都忽略了一点，在整个产业链中，所有的商品都或多或少地会产生关联，猪肉和牛肉、鸡肉，以及其他肉类也一样。举一个最简单的例子，当市场上的猪肉开始疯狂涨价的时候，肯定会有大批吃猪肉的人放弃购买高价猪肉，这个时候牛肉或者海鲜会进入大众的视线。可是牛肉和海鲜本身就很贵，它们的价格也是消费者无法承受的，消费者通常都有消费习惯和消费账户的设置，不可能说买不起40多元一斤的猪肉，就去购买40多元一斤的牛肉，甚至是更加昂贵的海鲜，从消费水平上来说，开销并没有降低。还有一个更重要的问题在于，当猪肉的价格上涨时，猪肉的需求量会减少，大量的人就会进入其他市场，这个时候牛肉、鸡肉、海鲜之类的产品也会出现价格上涨的情况，因为这些食物的市场供求开始发生了变化。

比如在2019年全国暴发猪瘟期间，很多地方的猪肉价格虽然涨到了40

多元一斤，但与此同时，牛肉的价格也开始上涨，基本上都从50元以下一斤上涨到了55元以上一斤，甚至是60元一斤。虽然价格上涨的幅度没有猪肉的那么惊人，但其实也给消费者带来了沉重的负担。不仅仅是牛肉，鸡肉的价格也开始上涨，鸡翅、鸡腿、鸡蛋也都跟着涨价，很多超市里出售的鸡蛋，价格都上涨了30%，而农村里的土鸡和土鸡蛋更是价格翻倍。许多人都惊呼，自己吃不起猪肉和牛肉，就连鸡蛋也快吃不起了。在2019年的下半年，牛肉和鸡肉的价格一直在飙升，但相应的市场需求量并没有显著增加，因为多数人都觉得自己消费不起了。

虽然人们找到了猪肉的替代品，而且替代品还不少，但任何产业在市场上都是相互影响的，猪肉的价格上涨会引发整个肉类产业的变动。这一点在其他产业内也很常见，比如食物的替代效应都是比较强的，很多人会说萝卜太贵了就多吃大白菜，香蕉贵了就多买苹果吃，大米涨价了可以吃点面食来代替，市场上的食物供需很难会产生一些极端情况。不过在很多时候，一种食物的价格产生突变，也会对其他食物的价格产生影响。就像萝卜一样，当萝卜的价格远远超出人们的预期时，可能有人会更多地选择购买大白菜，但大白菜往往也会随之涨价。

比如某地某一年的大白菜遭遇了严重的歉收，导致当地市场上的大白菜非常短缺，价格直接上翻了3倍，在这个时候，很多人开始更多地购买萝卜、青菜、土豆，但是商家也开始给这些替代品提价，萝卜和土豆的价格直接上涨了2倍，青菜的价格更是上涨了4倍。当很多消费者认为自己可以多买其他蔬菜来代替大白菜时，会发现餐桌上所需的所有蔬菜都在疯狂涨价，对于很多家庭来说，用于买菜的成本正在全面上涨。

所以一个有趣的现象是，当某一类食物的价格上涨过快时，其他关联性比较大的食物并不会大卖，因为它们的价格同样会超出消费者的预期，人们会买一些来解馋，但更多时候还是会选择管好自己的钱包和嘴巴。需要注意的是，并不是所有的食物涨价都会对其他食物的价格产生重大影响。一般来说，只有那些重要或者平时经常食用的食物在涨价过快的情况下，才会引发一系列涨价现象，因为这些食物在生活中扮演着重要的角色，人们就会想尽办法寻找其他最佳的替代品，而商家自然也会想到这一点，更何况新的需求不断增加时，价格必定也会失控，这是市场供需变化决定的。

在日常的各种经济生活中，寻找替代资源几乎是一个永恒的话题，从寻找新能源代替石油和煤矿、天然气等传统能源，从寻求新的投资项目来代替自己在错失某一项目后的遗憾，甚至于从寻求新的宜居星球来代替地球，这些都是资源价值的一种挖掘。但很多时候，随着原有资源的成本、价格的提升，很多替代资源的成本和价格也会随之升高。

两元超市是如何挣钱的？

李先生在南昌开了一家两元超市，里面的产品种类非常丰富，但都很廉价，多数产品都只有2元钱的价格，而同样的一些产品在大超市以及其他店里往往需要5～10元。考虑到李先生的店面每年都要缴纳6万元的租金，人们很难相信他的店可以继续经营下去。但事实上，李先生的两元超市已经在南昌经营了5年，虽然比不上大超市，但每年也能够给他带来15万元～18万元的纯收益，这对于一个55岁的人来说算是很不错了。据李先生说，他的一个侄子在南昌的另外一个地方也开了一家两元超市，才短短2年时间，就已经为家人挣到了一套房子的首付。

为什么看起来毫不起眼的两元超市会有不菲的盈利呢？其实很多人对于两元超市还停留在“2元”的层面上，认为里面所有的产品都在2元左右，扣除进价之后根本挣不了多少钱。这样的思维实际上只是单纯地看待产品的单价，而忽略了另外一个盈利的因素：数量。比如很多人都会这样想，一家小超市，可能卖出一罐100元的中老年奶粉，就会有几十元的盈利，卖出一个几十元的玩具熊，也许就能够拥有十几元的盈利，更别说那些卖家具以及卖家电的商家了。

其实这是一个错误的想法，如果单纯分析产品卖出去的价格，那么一个几千元的电子产品，甚至一辆十几万元的车子看起来更有盈利的空间，但是这些产品的销量还是比较有限的，当销量不多时，盈利空间同样会受到制约。而两元超市不一样，它会依靠其强大的销售能力吸引更多的消费者，在销售的数量上具有很大的优势。如果仔细进行分析，就会发现两元超市拥有很强大的盈利能力，尤其是考虑到它的规模和体量。

——成本很低

通常情况下，开店的人会在一些著名的小商品集散地进货，那里的产品非常便宜，在两元超市内，基本上大部分产品的进价都在0.3～1.8元左右，最低的几乎都是按照0.1元的进价入手的，而且绝大部分都控制在1元以下了。当一家店能够将成本控制到这么低的水平上时，每件产品自然都能够获得高昂的利润。

——种类繁多，市场需求旺盛

对于两元超市来说，它最大的优势在于商品种类繁多，从生活用品到儿童玩具，再到文体产品、流行饰品、潮流礼品，人们日常能够用得上的东西，几乎都可以在店里找到。有人做过统计，两元超市内的产品种类多达1000种以上，而较大的杂货店可能也就几百种。可以说，丰富的种类极大地满足了人们的日常需求，因此能够吸引到大量的人流和客户。当市场需求旺盛的时候，销量自然就会得到明显提高。

——低价走量

在两元超市内，产品的进价很低，价格也非常低，虽然店内可能也存在一些高达10元的产品，但那是极少数的高价产品，多数产品都维持在了

2元左右的价格水平上。这样的低价给人们带来了很大的实惠，并直接促进了销量，很多人都会选择在两元超市购买东西，而不是去大超市或者杂货店。此外，由于价格很低，人们的消费欲望会被进一步激发出来，有的人平时去超市会购买少量的商品，对他们来说，只要暂时够用就行，但是去两元超市之后，见到商品的价格还能便宜，就会萌生多买一点的想法。

——注重摆放

如果仔细观察的话，人们会发现当自己进入两元超市时，映入眼帘的往往是一些非常漂亮的饰品或者是一些大件商品，这样做的目的就是让消费者进门时就可以快速被那些超值的商品吸引住，从而产生“物美价廉”的想法。如果反过来，将一些不起眼的小物件放在靠近门口的显眼位置，那么就很难吸引到客户的注意力。

——门店位置好

一般情况下，考虑到两元超市的产品是以量取胜的，因此门店都会选在人流量比较多的地方，这样的选址就保证了会有更多的人进入店内购物。不过考虑到一些城市的黄金地段的租金太贵，很多时候，商家会选择在一些小城市以及黄金地段的边缘地带开店，从而做好成本控制。很显然，两元超市并不打算打造技术性的品牌优势，也不打算以高价赢得市场，出色的成本控制必然会使得它尽量选择一些有人流量但是租金不会太贵的地方，而且前往两元超市消费的多是一些中老年人以及学生，他们的购买能力很有限，因此门店往往会靠近一些中低档次的小区或者中小学门口，还有一些则开在乡镇上。

从经济学的角度进行分析，两元超市的成功经营就在于它把握住了需求曲线，即一件产品的价格越低，其需求量就会增加，这个时候，产品的销量就会越来越好。在这种思维模式下，两元超市重点通过低价、种类丰富的优势来获得市场，成功吸引了一大批消费者的关注，它的产品销量往往也非常惊人。

其实类似两元超市经营理念的商家有很多，比如日本的丰田汽车要比其他大品牌的汽车价格便宜不少，因此它的销量非常惊人。布加迪威龙、兰博基尼以及劳斯莱斯之类的超级豪车，由于价格昂贵，销量非常有限，总量上根本无法与丰田汽车相媲美。在很多时候，薄利多销会成为商家的一个重要策略，尤其是那些在竞争中缺乏技术优势和品牌优势的商家，往往会用低价来取悦消费者，会用低价赢得更大的市场。

为什么市场上的劳动力过剩，工厂却招不到人？

最近几年，很多地方都出现了用工荒，很多工厂都表示自己招不到人，一些工厂还开出了比较优渥的条件，可即便如此，还是难以招到更多能够满足日常生产需求的员工。是不是国家的劳动力市场开始出现资源短缺的现象了呢？单纯从工厂招不到人来说，情况似乎是这样，可是现实生活中却存在另外一个奇怪的现象，那就是大量的劳动力找不到工作。如果去东莞的招聘市场看看，就会发现每年的招聘期里，大量的企业都会紧锣密鼓地招人，与此同时也会有大量的劳动力去招聘市场碰碰运气，但企业就是招不到人，劳动力也没有找到心仪的工作。

一方面是企业招不到人，另一方面则是大量的劳动力找不到工作，这看起来似乎是一个非常矛盾的现象，但如果深究背后的经济原因，就会找到答案。众所周知，企业的发展追求的是利润的最大化，追求利润最大化不仅仅是考虑提高经济收益那么简单，还要想办法降低成本，而最近几年制造业的高成本成为中国经济发展中一个不可回避的问题。比如深圳和广东的制造业在最近几年受到严重打击，很多制造业企业都相继倒闭，整个行业并不景气，而这些现象和经营成本越来越高有关。

在深圳、东莞等地，工厂的经营成本正在逐年增加，厂房的租金逐年上涨，再加上物价上涨，各种原材料的价格也直线上升，员工的工资也不断上涨。尤其是房地产的快速发展，直接带动了地方经济的虚假繁荣，推动了各种成本的提升。在工人工资这一块，企业一直都在努力做出调整，但是上涨的幅度远远不够，很多工人已经不再像过去那样甘心拿着3000元一个月的工资，6000元甚至1万元以上成了他们的需求。因为他们的生活成本也在上涨，一大批人还面临着孩子高昂的学费和购买房子及其产生的贷款费用，这些钱往往都会添加到企业的人工成本当中去。

王先生在东莞经营着一家较大的电池加工厂，在2010年左右，工厂每年还有差不多1500万元的纯利润，但是到了2016年以后，工厂的纯利润已经降至不到200万元了，而且还在逐年降低。虽然工厂的生意还是比较好，但是成本也越来越高，其中工人的工资就是一个大问题。据他所说，2010年前后，很多刚加入工厂的工人大概每个月的工资是2500元，有经验的员工的工资会多一些。那个时候的招工比较顺利，市场上有很多贵州、四川、安徽、江西等地的劳动力，工厂在招人时，讨价还价的余地比较大。可是最近几年的招工很不如意，许多工人进厂时就要求月薪要在6000元以上，而且加班工资要求每个小时有30元。王先生算过一笔账，可能一个工人的工资会在8000元左右（基本上每天都会加班），那些技术出众的工人基本都是月薪过万了。王先生有点无奈，觉得工人要求的工资太高了，他原本开价是5000元每个月，加上加班费，可能会达到6000元左右每个月，但是根本无人问津。不过王先生也知道，原本很多进城打工的人会将孩子安排在乡下读书，可是最近几年，越来越多的人将孩子带到城里上学，有一些人还准备在城里买房，而买房还贷的钱肯定也会变相地在工资中获得补偿。王先生认为工厂未来的发展前景很不乐观，可能再维持2年就会直接关门或者转给其他人，毕竟企业已经没有多少利润可得了。

正如王先生所说的那样，珠江三角区的很多工厂开始往东南亚的一些国家搬迁了，因为东南亚等国的人工成本更低（而且更容易招到人），原材料更加便宜，租金也便宜很多，总体上可以有效降低企业的运营成本。而对于国内市场上积累的大量劳动力，除一部分被市场消化之外，有很多人开始寻求转型，比如自己创业，或者回老家做点小生意。

虽然国内的劳动力市场上似乎存在正常的供需条件，但一方想要提高工资，另一方却希望控制好工资来降低成本，这样就导致大量的劳动力资源得不到有效安排，而工厂也无法获得有效的人力资源。从经济学思维的角度来分析，想要帮助工厂和劳动力建立起有效的连接，那么就要扭转原来的供需关系，关键就是要降低企业在其他方面的成本。比如国家和政府要积极稳定房价，稳定物资和原材料的价格，这些都可以有效维持一个正常的可承受的用工成本。而对于企业来说，还需要想办法改进技术、提高效率，争取聘用一些高价值的人才，在人工智能不断发展的前提下，甚至可以更多地使用机器人来工作。至于普通的劳动者，则需要想办法提升自己的价值，多学习一些新的技术和知识，努力提高专业技术水平，这样就拥有更多的资本，可以在市场上谋一份高薪工作；另外，普通劳动者应该对自己有一个明确的定位，这个定位包括自己的奋斗方向（适合做什么，擅长做什么）、自己的工作水平（技术和能力的层次）、自己的未来规划（自己找到的工作是否有一个更加美好的未来）。只有做好定位，才能在工作中把握住方向，才不会在盲目要价中错过一个又一个适合自己的工作。

从目前的情况来说，国内制造业的困局在短期内仍旧难以找到解决的方法，虽然国家和企业都在想办法进行转型，不过这需要一个过程，加上互联网的快速发展，在一定程度上抢占了制造业的资源，比如市场资源、资本优势、营销优势，这些都使得制造业的成本在继续加大。因此对于制造业来说，想要改变当前的困局，也许需要对整个产业结构进行调整，确保整个制造业市场拥有一个良性的循环。

电梯的费用应该如何分配才合理？

城市内的高层住宅中通常都会安装电梯，一些高层老房子也在改造中安装了电梯，不过电梯的保养和维修费用究竟应该让谁来出呢？比如很多住在低层的人会强调自己基本不用或者很少用电梯，在使用的过程中对电梯的损耗也是最少的，因此这笔钱应该让住在高层的人来出。就像一些住在1楼和2楼的住户，肯定不希望为其他人的出行掏钱。还有一些人也提出了异议，认为自己家中只有一个人，而不像其他家庭有五六个人，对于电梯的使用和损耗肯定要少很多，因此钱肯定不能多出，最好的方式就是按照人口进行平摊。另外一些人则要求对每天使用电梯的情况进行记录，看看谁的使用频率最高，看看电梯经常停在哪一层，并且是在哪一层损坏的，然后让经常使用电梯的人多出维修费。

当大家无法形成一个统一的说法时，那些人数较少以及住在低层的住户可能会产生一些抗拒的心理，比如人数较少的人会说："我基本上就一个人住，坐不坐电梯也无所谓，上下楼梯就当锻炼身体了。"而住在低层的人更是明确表示："我就不交电梯的保养费和维修费，反正我也不用电梯，如果电梯坏了，我看高层的人怎么办。"按照低层住户的想法，自己即便不交钱，住在高层的人也会主动交钱的，因为这已经影响到了他们的日常出行。

住户们的说法听起来都有各自的道理，但从经济学的角度来说，住户的想法其实只是在维护自身的利益，没有考虑到整栋楼住户的整体利益。假设低层的人不愿意交钱，人数少的也不愿意多交钱，那么住在高层的人肯定不想负担整栋楼的电梯服务费用，最终的结局很有可能就是房子的交易价值不断下降。很多有意向来这里购买房子的消费者，一听说电梯费用无人支付，或者电梯的费用需要高层来支付，那么很有可能会放弃购买这里的房子。

假设一栋大楼分成了23层，那么可能会出现5层以上的房子就不再有人居住的情况，也没有人来购买5层楼以上的房子了，因为那些想要买房子的人必须思考一个问题：一个电梯的维护都不能得到保障的小区，值不值得入手？这个时候，这栋楼的高层可能就不具备什么吸引力了，而当高层的房价、销售受到影响时，整栋大楼的销售和交易价值都会遭遇重创。

尤其是在一些新开发的小区里，如果大家都在为电梯的维护费用而争吵，那么高层房子的交易价值会大跌，而低层房子也很快会受到波及，最终的情况是，整栋楼会慢慢变成一个空壳，这种冷清的局面会严重影响整栋楼所有房子的价格。当低层的人想要将房子脱手时，就会发现情况变得更加糟糕。很多人往往会忽略一点，即电梯的维护关系着整栋楼的利益，关系着所有住户的利益，一个运行良好的电梯对整栋楼的交易价值都是有帮助的，当电梯的维护无法获得保障时，整栋楼的交易价值就会不断下降。

比如某老旧小区准备进行改造，政府统一为7层楼以上的小区免费安装电梯，但是电梯的维护费用必须由居民们共同缴纳，换句话说，当电梯安装好之后，就需要大家共同来维护电梯的运行。这个时候，很多住在1楼和

2楼的人就不怎么愿意交钱，因为自己根本就不怎么使用电梯。此时，容易出现两个结果：第一个是大家都不交钱，导致电梯很快就无法运行，整栋楼回归到了以前的状态，此时房子的交易价值会不断下降，比其他小区的房价要低不少，整栋楼的住户都受到了影响；第二个结果是3楼以上的所有住户都交了钱，但是1楼和2楼的住户不能乘坐电梯，或者说每次坐电梯必须交5元，此时1楼和2楼的住户会发现，每次自己要安装太阳能，要维修太阳能，要去楼顶晒衣服时，都会变得很困难。

很显然，一部分人认为自己占据博弈优势，甚至可以获得免费搭快车的机会，往往会导致情况出现最坏的结果。所有相关的住户都必须对电梯负责，都必须为电梯的维护费用埋单。经济学中有一个名词叫交易费用，在这类电梯费用的纠纷中，人们不断争吵、讨论，可能会产生一个结果，但产生这个结果本身就在消耗时间、精力，电梯在失修期间日益增加的危害性，以及电梯损坏后，房子的价值下降，这些都属于交易费用，而这些费用通常远远超过人们原本应该缴纳的电梯维护费。

既然争吵只会让事情变得更糟，那么究竟应该如何对电梯保养和维修费进行分配呢?

最简单的方法就是根据物业费进行分摊，物业费的收取和楼层一般没有什么关系，和房子面积的大小有关，房子面积大的住户，无疑会多支付一些物业费，这种规定有一定的合理性，因为房子面积越大，名义上能住的人也就越多，对电梯的损耗自然也可能会越大。这是单纯依靠楼房来进行分配的一种方法，它并不一定是最公平的，但相比其他的分配方式绝对更加合理。

在利用物业费来分配电梯费用的过程中，所有的住户都要明确一点：任何一户人家都可以多住人，可以多人乘坐电梯，也可以多次乘坐电梯，但无论是多少人，都无法减少或者增加电梯的维护费用。那些低层住户也应该明白，电梯是公共财物，每个人都有选择用或者不用的权利，但是一定要出钱维护，而且即便是住1层的人有时候也免不了要去高层，认为自己用不着电梯而不肯交钱的行为是绝对不被允许的。此外，住在1层的人应该明白，自己在购房的时候，房子的价格就是最低的，这部分的优惠已经支撑了1楼住户在电梯方面的费用。

还有一点也很重要，物业费实际上包含了很多公共项目的维护费用，诸如绿化、安保、公共设施、小区卫生、小区治安、交通等项目都在物业费的计算范围之内，将电梯维护费用混入其中，无疑可以更好地稀释它在具体分配中带来的很多纠纷。

为什么汽车常常无法保护驾驶员的安全?

2018年，世界卫生组织做了一项调查报告，发现每年死于交通事故中的人多达125万，尽管各个汽车公司已经想办法提高汽车的制造技术，提高汽车的防护技术，从刹车技术、安全气囊防护、撞击能力、变速挡换挡应急开关技术、后备厢紧急解锁功能、安全带、儿童安全锁，到汽车的自动化系统安装，几乎每年都会有新的技术出现，每一年都会有各种材料的改进，但是在交通事故中造成的死伤行为就是不可避免。

很多人都存在一些疑惑，为什么自己购买的汽车那么不经撞，为什么汽车就不能拥有一个非常高的安全系数呢？汽车是否真的可以达到一个很高标准的防护水平呢？是否一定可以保障驾驶员的生命安全呢？

从技术上来说，想要保证汽车在交通事故（撞车、翻车、落水、起火）中不会出现人员伤亡，还是不太可能的；从目前的技术来说，想要完全保证汽车不出现交通事故也是不可能的，毕竟汽车的速度比较快，而且造成意外事故的因素也有很多，很容易引发灾难，这些灾难不能够完全通过技术来屏蔽。随着汽车制造技术的提高，以及自动化程度的提高，未来的交通事故肯定会越来越少，造成的伤亡也能得到有效的控制。未来推出的人工智能驾驶技术或许会改善这一情况，但谁也不能百分之百保证不会出现交通事故，而出现交通事故之后，考虑到汽车本身的速度以及外力带来的冲击，汽车几乎无法将巨大的能量及时转移。

对于多数车子来说，安全系数是和成本直接挂钩的。简单来说，想要让汽车变得更加安全，那么在汽车的设计上、用料上、技术设置上，都要投入巨大的资金，从成本上来说，这是一个大问题。假设现在的汽车拥有60%的安全系数，那么想要让汽车拥有90%甚至是99%的安全系数，汽车的成本将会大幅提升，可能价格会远远超出人们的想象。也许90%以上的人都买不起车子了。

从经济学的观点来看，一个产品的价格与价值息息相关。当人们花费十几万元或者几十万元购买一辆汽车的时候，通常情况下，这辆汽车提供的速度、安全保障是匹配汽车的价格的。500万元的汽车肯定要比5万元的更好，那些豪华轿车的配置基本上要好于普通汽车，对于那些追求更高安全系数的人来说，自然需要花更多的钱。

比如很多人都知道日本的一些普通车型比较便宜，价格上要普遍低于德系车以及其他一些外国品牌的汽车，但相应的减配也比较严重。一辆价值10万出头的日本车，它可能拥有省油的优势，发动机的质量也非常好，但是车皮的质量不敢恭维，很多汽车轻轻一碰撞，就会导致汽车变形。很显然，当价格上具备优势的时候，必定会在其他方面处于劣势。同样，当一辆汽车在安全方面做到了几乎无可挑剔的时候，商家往往会疯狂提高汽车的价格，这样的价格显然没有市场。为了获得利益，人们只能降低技术标准，毕竟厂商也需要生存，盈利是企业存在的基础。任何一项技术的提高和增加，都必须要保证企业有盈利空间，可是当消费者无法支付更多的费用时，技术的提高就成了企业发展的阻碍因素，企业最终会被高成本给拖垮。

最稳妥的方法就是按照层次和级别来划分市场，500元万以上的汽车，100万元～500万元的汽车，50万元～100万元的汽车，20万元～50万元的汽车，10万元～20万元的汽车和10万元以下的汽车，不同层次、不同价格的汽车市场划分，实际上也包含了汽车的科技含量与安全系数。为了应对每一个市场，不同的企业会制定不同的技术标准，会生产不同需求层次的汽车。

关于汽车安全系数的问题，有两个比较鲜活的例子。第一个是摩托罗拉曾经重金打造的铱星公司，这家公司在1987年提出了一个近于梦幻的疯狂计划：用66颗低轨卫星组成覆盖全球的通信网。按照公司的计划，这66颗卫星将会带来通信领域的变革，从而帮助公司统治整个通信业。但事实上，这项决策直接导致当时的通信费用提升到上万元，这是市场没法承受的。在烧完50亿美元之后，由于没有足够的客户和投资的回报来支撑市场上的通信业务，铱星公司就直接宣布破产了，而且这项计划耗资不菲，在以时的技术水平，几乎就是一个无底洞。

另外一个例子就是曾经的科技领域老大IBM。作为20世纪最优秀的科技公司，IBM公司几乎垄断了电子科技各个领域的项目，许多人都认为IBM公司就是一个日不落企业。但问题在于这家公司一直都想着研发出一些颠覆性的超级产品，却忽略了一点：自己投入那么多的资金来研发技术，会直接提高产品的价格，而这些价格是普通消费者无法承受的。因此IBM公司研发的很多技术和产品，虽然看起来高大上，却根本没有市场，很多产品的收益几乎为零。在每一次都要烧掉几千万甚至几亿美元之后，这家公司终于被掏空了，高昂的研发成本使得IBM一蹶不振，从顶级的企业没落成一家二流科技公司，并且直到今天也没有任何迹象显示它会卷土重来。

铱星公司以及IBM公司所犯下的错误就是片面追求更高的技术，导致成本一直被推高，但在坚持以盈利为主的经营思维下，产品的价格也被迫提高。可是高成本和高价格并不会引起市场的关注，没有人会花费高出普通价格好几倍的钱买一个自己并不那么需要的产品。这两家公司的操作显然违背了市场上的经济规律，或者说它们缺乏最基本的经济学知识。

汽车行业如今也面临着类似的情况，如果人们想要一辆安全性能更高，技术更加先进、更加完善的汽车，那么就要考虑到车企的提价，就要考虑到自己是否能够买得起一辆安全系数很高的汽车。

为什么一线城市的房子总是最受欢迎?

在经济条件允许的情况下，如果让人们做出购房选择，那么多数人恐怕都愿意将资金花在购买一线城市的房子上，原因很简单，一线城市的房价更高，房子更值钱，也更有机会创造更大的价值。对北京、上海、深圳等地的房价进行分析，就会发现10年前与10年后的房价差距巨大，那些10年前就在一线城市购买房子的人，如今依靠一套房子的增值就可以抵得上很多人几十年的奋斗了。

许多人也许会产生疑惑，同样都是房子，同样都是用来住人的，为什么一线城市的房价会高达几万元一平方米，而普通县城的房价普遍在几千元一平方米。这里其实涉及了资源稀缺性、资源价值高低的问题，以及可以从本质上来讨论的供需问题。以北京为例，整个北京的土地面积是固定的，用来生存以及用来建造房子的土地更是固定的，不仅如此，北京的教育资源、医疗资源、就业资源、社会保障资源都是固定的，它们还是一些优质资源。但是北京的人口很多，当这么多人都集中在一起抢土地、抢房子、抢学校、抢就业机会、抢医院时，供需就会失衡，当供求远远跟不上需求的时候，物品的价格就会上涨，因此房价也就快速蹿升到几万元的高位上了。

而对于普通地区的房子来说，增值的空间并不大，因为所有的资源都没有那么好，教育水平可能是二流水平甚至是三流水平，医疗水平也无法和大城市的医院相比，就业机会根本不多，而且都是一些低工资的岗位，在社会保障方面也不够完善。再加上普通地区的人口比较少，还有大量人口外流，地方经济发展水平不高，这些都直接导致了地方房价不具备吸引力，因此，地方房价基本上没有可能追赶上北京、上海等地的房价。

从经济学的角度来分析，这是资源分配和供需失衡引起的。当人们都在追求数量有限的优质资源时，它们就容易成为稀缺资源，或者说优质资源本身就具有稀缺资源的基本属性，毕竟大家可能都会率先追求优质的东西。这种大需求在搭配稀缺的本质时，往往会进一步抬升房子的价格，因为所有人都认为房价一定还会继续上涨。这种上涨并不同于寻找接盘侠，因为一线城市的需求在未来很长一段时间内都存在。

对于那些想买房子的人来说，在一线城市购房，就有可能一次性把握住了强大的医疗资源、教育资源、社会保障资源、就业资源，为孩子创造非常好的成长环境，这些都无法用金钱来衡量。而且他们知道这些资源同样也是别人在追求的，将这些资源控制在手中只会使其不断增值。也就是说，对于买到房子的人来说，他们已经从单纯的需求者变成了潜在的供应者，他们还是有很大机会跟随整个城市的资源分配体系参与到重新分配的活动之中的。就像某人在2008年花费120万元在上海买了一套房子，到了2020年，他完全可以用600万元的价格出售这套二手房，在这个过程中，房子就从生活必需品变成了投资品。

简单来说，一线城市的房子流动性往往非常好，基本上很容易找到下一家接盘，这种流动性并不是绝对的，要知道在限购和房价趋稳的形势下，一线城市的很多房子也会陷入滞销状态，但这种滞销程度绝对要比二线城市、三线城市以及小县城好得多。多数时候，一线城市的房子仍旧会成为个人置业的首选，因为从长期看，那里的房价还会继续攀升，而市场上并不缺乏买家。

在日常生活中，许多人都有将房子变成投资产品的想法，即便是最纯粹的刚需族，他们也渴望通过买到北京的房子来挣钱。比如他们可以先贷款购入一套小户型房子，等到资金充裕时将其卖掉，然后用来购买大户型房子，或者说他们可以把房子当成资产保值的工具。最近20年，货币一直都在贬值，当前的1万元，在10年之后可能会变成6000元的购买力，但是房子即便不增值也会保值，而且比多数东西的保值率要强很多，这种保值功效本身就类似于投资。

有很多年轻人都会花掉家里的6个钱包（父母、岳父岳母、男方的爷爷奶奶、女方的爷爷奶奶、男方的外祖父和外祖母、女方的外祖父和外祖母），甚至不惜背负沉重的债务，为的就是要把握住进入一线城市房产的机会。也许在短期内见不到什么效益，可是对于那些需要买房且有一定买房能力的人来说，购买一线城市的高价房子，仍旧拥有巨大的投资回报。

资源的层级性决定了它的供需状况，而供需状况又往往会影响价格的高低。对于任何人来说，想要获得更好的生存机会，就要想办法占据那些高层次的资源，要牢牢掌控那些优质资源，因为这些资源永远都是稀缺的，虽然往往处于相对高的价位上，但它们的需求量很大，增值空间也很大。在条件允许的情况下，购买一线城市的房子永远都是房产投资的首选，接下来是二线城市、三线城市，至于更靠后的地区，则要重点考虑是否为刚需。